LAÇOS DE AMOR

Um romance no Principado de Kiev

Romance

LAÇOS DE AMOR

Um romance no Principado de Kiev

MÔNICA DABUS

pelo espírito LIZ

CEAC
EDITORA

Ficha Técnica

Coordenação Editorial
Renato Leandro de Oliveira

Capa
César França de Oliveira

Diagramação
Luiz Antônio Gonçalves

Revisão de Língua Portuguesa
Tânia Lins
Edson de Oliveira

Revisão Técnica
Carlos Eduardo Luz

FICHA CATALOGRÁFICA

D111L Dabus, Mônica.

Laços de amor: um romance no principado de Kiev / Mônica Dabus, pelo espírito de Liz -- Bauru, SP: CEAC, 2017.
240p.; 14x 21 cm

Romance espirita 2. Estado Kievano – século IX - XIII 3. Principado de Kiev 4. Cristianismo I. Titulo.
133.9

1ª Edição - Junho de 2017
3.000 exemplares

Edição e Distribuição

CEAC
EDITORA

Rua XV de Novembro, 8-55
Fone: (14) 3227 0618
CEP 17015-041 – Bauru SP
www.editoraceac.com.br
www.radioceac.com.br
www.tvceac.com.br
www.ceac.org.br

UM POUCO DE HISTÓRIA

Centenas de anos após a passagem de Jesus pela Terra suas lições estavam desvirtuadas pelos desatinos humanos, em oposição ao *amai-vos uns aos outros*, essência da mensagem cristã.

A própria Igreja, disseminada pelo mundo, semeara discórdias, comprometera-se em contradições, assenhorara-se dos poderes transitórios, em nome do Cristo.

Muitas iniciativas partiram da espiritualidade com o propósito de reconduzir o cristianismo às suas fontes originais de pureza e virtude.

Um exemplo típico foi a experiência cristã no Estado Kievano ou Rus, que floresceu durante os séculos IX a XIII.

Os grão-russos, os pequeno-russos e os russo-brancos, respectivamente russos, russo-brancos e ucranianos na atualidade, formavam um só povo.

Rus era uma confederação solta em cidades-estado, governadas por nobres vassalos do Grande Principado de Kiev.

A intenção do mundo espiritual superior era acender luzes naquele território comandado pelo poderio dinástico, na época, um reino pagão.

Um programa foi rigorosamente elaborado. Pretendia-se que os participantes, ao reencarnar, fortalecidos pelos laços de amor, superassem suas inquietações e angústias, afinando-se com as tarefas a serem cumpridas em relação à expansão do cristianismo.

Alguns, dotados de faculdades mediúnicas, seriam amplamente orientados por benfeitores espirituais, ajudando-os a superar as próprias limitações. O intercâmbio entre as duas esferas da vida seria frequente, natural e renovador.

Por outro lado, espíritos desencarnados, aferrados às velhas ideias, adversários do bem e do progresso, prosseguiam em sua ação desajustada, gerando intensas lutas pelo poder.

Fixados em propósitos insanos, pretendiam o governo das consciências, comprazendo-se em gerar embaraços e a destruir a obra de Jesus na Terra, empenhados em desarticular as iniciativas do bem.

Não obstante, se a atuação das sombras era constante, jamais faltariam o apoio e a proteção dos benfeitores espirituais, com o propósito de neutralizar sua influência.

***

Olga, uma das personagens centrais desta obra, vibrante na fé e na disposição de servir, integrava falanges desveladas que se reúnem constantemente para sacrifícios em favor da humanidade.

A partir daí, leitor amigo, somos então levados a penetrar na dramática narrativa que retrata passagens da história da princesa Olga e do Principado de Kiev.

Ela foi uma luz fulgurante no caminho de numerosos espíritos amargurados e sofredores, pertencentes a uma mesma família espiritual, repleta de conflitos pungentes. Os exemplos de Olga derramariam em muitos corações uma chuva de bênçãos consoladoras e de esperanças sublimes.

A princesa Olga foi o primeiro membro a aderir ao cristianismo na dinastia Rurik, que governou a Rússia europeia, parte da Ucrânia e a Bielorússia por mais de sete séculos, entre os anos de 860 a 1598.

Sua conversão marcou o início de um longo processo histórico, durante o qual se desenvolveu e se expandiu o caráter original bizantino-eslavo do cristianismo.

Além de alicerçar a fé cristã, foi notável a sua contribuição para a história da Europa Oriental.

As ações de que participou, por vezes trazem certa truculência, condizente com a época, sem ressaltar seu empenho em domar os próprios impulsos e alavancar o progresso material e espiritual de seus súditos.

Olga era rígida para decidir e terna para cumprir as decisões, características dos grandes líderes. Era dotada de rara aptidão diplomática que a levava a atitudes humanitárias, incomuns para a época.

Há relatos históricos que nos falam de uma Olga vingativa, mas não são confiáveis. Não é novidade que algumas versões, com fatos deliberadamente alterados, atenderam aos interesses da época.

Por outro lado, são numerosas as fantasias que falam de seus *poderes milagrosos,* após a conversão à fé cristã. Artifícios literários e históricos foram empregados para destacar uma transformação da *Olga pagã,* temperamental e vingativa na *Olga cristã,* prudente, sensível e caridosa.

Não há como negar, porém, que a diplomacia, a sensibilidade e a arraigada força moral de Olga assinalaram uma vitória do bem, acendendo o Evangelho no coração do povo de Rus.

Foi por volta de 957 que ela, em viagem a Constantinopla, fez-se batizar publicamente, tornando-se a primeira soberana russa a converter-se ao cristianismo.

Nessa viagem, encontrou-se com o patriarca Poliecto, que lhe teria dirigido profética saudação:

Bendita és tu entre as mulheres russas, porque amaste a luz e expulsaste as trevas.

Os filhos da Rússia hão de bendizer-te até a última geração.

Somente no final do século X, por volta de 988, Vladimir, seu neto, aderiu oficialmente à fé cristã.

A Rússia kievana tornou-se um Estado cristão, sendo o batismo de Olga de suma importância para o desenvolvimento espiritual e cultural da civilização bizantino-eslava.

Por suas virtudes, Olga foi canonizada, tornando-se a primeira russa a ser proclamada *santa.* O mesmo aconteceria mais tarde com seu neto Vladimir.

A você, leitor amigo, os melhores votos de uma proveitosa leitura destas páginas onde, uma vez mais, ressuma a realidade da sobrevivência da alma, que carrega para o além suas conquistas morais e espirituais, bem como suas culpas e comprometimentos, com destaque sempre às experiências no campo do amor e da verdade em favor das realizações mais nobres.

Capítulo 1

O sol declinava.

Do alto contemplava-se magnífico panorama de aldeias nas colinas cobertas de branco. As águas escorriam formando poças, depois filetes e em seguida riachos no degelo.

A terra, timidamente, cobria-se de verde pelos campos, árvores ressequidas desandavam a florescer, os animais saíam de suas tocas, as camponesas cantarolavam ao recolher as vestimentas que secavam ao vento.

Os camponeses, que há séculos eram considerados escravos, deixavam seus chalés, preocupados com suas lides.

Ainda fazia frio. Não obstante, a luz da aurora incidia suavemente sobre a região. Descortinava-se a primavera anunciando dias de exuberância e beleza. As tempestades de neve rareavam, dando espaço à vida que renascia.

A contemplação dessa natureza majestosa despertava nos espíritos que por ali transitavam o desejo de retorno às experiências humanas em busca da luz.

***

Em pleno espaço, nas cercanias terrestres, pequeno grupo de espíritos afins recebia orientações de seus instrutores. Projetos reencarnatórios eram cuidadosamente discutidos com o compromisso de irrestrito devotamento à causa do bem.

A noite derramava alento divino.

Emocionados, os presentes percebiam que o planejamento da vida imortal era bem mais vasto do que imaginavam, em aprendizado minucioso e complexo das leis universais.

Os mentores os orientavam para as conquistas da alma, tendo no Evangelho o sublime roteiro. Falavam de rumos novos a serem tomados e transmitiam-lhes segurança e os votos de sucesso.

Estavam ansiosos pela oportunidade de aprender e servir dentro da programação elaborada. Cenas projetadas desfilavam iluminando um cenário onde se situaria o Principado de Kiev, futuro alicerce de uma identidade nacional ucraniana nos séculos subsequentes, formado por diversas regiões governadas por nobres.

Era o palco em que se desenvolveria a história daquele grupo de espíritos que reencarnaria para experiências redentoras.

Amplos cuidados foram dispensados pelos programadores espirituais, com cuidadosa análise das necessidades individuais, em decorrência das experiências passadas.

A lei de causa e efeito, equivalente ao denominado carma dos hindus, era desvelada no comentário de vivências passadas.

Um instrutor falou dás experiências que marcaram profundamente o psiquismo dos presentes. Era preciso estabelecer equilíbrio entre as contingências da Terra e as necessidades evolutivas de cada um, em harmonia com o amor.

O passado aflorava naturalmente como um desfile em telas panorâmicas. Fatos mais distantes se interligavam a outros mais recentes, demonstrando clara conexão entre eles. Acontecimentos no Egito dos faraós, cenas da Grécia e seus deuses, imagens singelas de vivências felizes entre os druidas, dentre outras...

Os tutelados demonstravam ansiedade e expectativa. Alguns expunham dificuldades íntimas, outros ressaltavam a intenção de trabalhar devotadamente.

Atenciosos, os instrutores colocavam-se à disposição de todos, respondendo às dúvidas, auxiliando-os a superar os temores.

Um deles, de semblante sereno e olhos brilhantes, exortou os candidatos à reencarnação:

— Meus irmãos em Cristo, diante da programação apresentada como sublime oportunidade de serviço cristão, a nossa responsabilidade se dilata.

A tarefa será a de pavimentar e alargar os caminhos apontados pelo Evangelho.

A cristianização dos povos e das nações é um fenômeno complexo e requer amplo esforço das dimensões visíveis e invisíveis. As relações de poder, bem como os liames de ódio e de vingança, se estendem além-túmulo, e os papéis de algozes e vítimas se alternam, em semeaduras de sofrimentos.

O egoísmo e o orgulho, ainda entranhados nos homens, abrem brechas às influências inferiores que retardam a implantação dos princípios cristãos.

A superação desses ciclos de sofrimentos somente será atingida com a vivência da recomendação básica de Jesus: *Amai os vossos inimigos, fazei o bem aos que vos odeiam, orai pelos que vos perseguem e caluniam...*

O sucesso da tarefa exige determinação, sacrifício pessoal e disposição em bem servir. Estejam atentos às motivações íntimas, evitando vinculá-las a propósitos menores, distanciados dos desígnios superiores.

Somos almas iniciantes nos valores cristãos, porém com suficiente conhecimento para colocar a vontade do Senhor acima da nossa.

Espíritos superiores em trânsito pelo mundo sedimentaram a mensagem cristã, acendendo a luz do Evangelho no mundo.

Infelizmente, ao longo dos séculos os homens vêm se distanciando do exemplo daqueles missionários.

A pureza do Evangelho tem sido tisnada pela espiritualidade inferior. Disseminaram-se a hipocrisia e as ambições, atendendo às conveniências dos poderes transitórios que tomaram de assalto o culto cristão.

Nossos dirigentes espirituais preocupam-se com a atual situação do planeta, preparando iniciativas para restaurar a pureza primitiva.

Todos os presentes nesta assembleia constituem peças importantes em favor de uma iniciação cristã em uma vasta região da Terra.

O trato com o mundo espiritual simples e natural é parte determinante na tarefa. Não desdenhem dos recursos do Alto, conscientes, sobretudo, de que estão recebendo abençoadas oportunidades em favor de sua própria redenção no trabalho da seara cristã, sintonizados com os benfeitores espirituais.

A tarefa requer reflexão e o exercício das faculdades elevadas do espírito. Cultivar as virtudes que o Cristo se dispôs a ensinar e propagar pelo exemplo — eis a trilha pela a qual a fé cristã penetrará nos territórios e atingirá a vida das sociedades e das nações.

Meus irmãos, felizes nós estaremos no cumprimento da vontade divina. Trabalhemos juntos e unamos os esforços buscando contribuir para edificar o roteiro cristão no mundo.

É chegada a hora de edificar na Terra as fortalezas do céu.

É chegada a hora de reunir os corações sob a inspiração das leis divinas.

É chegada a hora de hastear a bandeira dos princípios cristãos, jamais fugindo das lutas, nem se abatendo ante a incompreensão alheia.

É chegada a hora de cortar as amarras do instinto, que nos atrelam aos sentimentos inferiores para o voo rumo ao infinito.

Em tudo, seja feita a vontade do Pai e não a nossa!

Os candidatos à reencarnação e as falanges de espíritos conscientes dos seus deveres diante da vida estavam prontos.

Fechou-se o painel onde desfilavam as reminiscências, enquanto os viajores a caminho da reencarnação despediam-se de seus familiares, mentores e amigos. Mal continham a emoção que lhes tomava a alma.

Fluidos suaves e luminosos derramavam-se do céu em tonalidades de sublime beleza.

***

Em outro campo, porém, o ambiente era diverso.

A atmosfera espiritual tinha aspecto desagradável.

O cenário grotesco refletia os pensamentos de espíritos rebeldes e agressivos, mentes em desalinho. Eram escravos do desequilíbrio.

Acomodavam-se nas arquibancadas de uma arena rudimentar.

No centro, um espírito de aparência grosseira instigava os presentes. Ele era o responsável pelo surto de alienação que se processava no sinistro anfiteatro.

Em delírio, os espectadores se concentravam em suas palavras:

— Caros companheiros, fomos obrigados a arquitetar novas estratégias. Chegou a notícia de que nova guerra foi declarada. Começará tudo de novo...

— Estão ensaiando o renascimento das ideias do Nazareno, após sucessivos fracassos ao longo do tempo. Seus miseráveis discípulos nos imaginam fracos, sem forças. Estão enganados!

Após breve pausa, prosseguiu:

— Estamos prontos! A nossa organização encontra-se completamente ordenada contra as corporações cristãs que pretendem dominar a Terra, o que jamais permitiremos. Não será difícil, considerando as tendências inferiores dos encarnados. Preparem-se para receber agora o nosso líder.

Nesse momento, os murmúrios da conversação foram interrompidos por pancadas secas ritmadas, a impor silêncio, antecipando a abertura de uma cortina.

Um personagem sombrio entrou no ambiente e os participantes o receberam com gestos de reverência. Agitando as mãos espalmadas para baixo impôs silêncio e dirigiu-se à tribuna, assumindo a palavra:

— Conhecemos os nossos adversários e sabemos do quanto são capazes. Todavia, nós também para atingirmos nossos objetivos dispomos das armas poderosas da intriga e da destruição, porque conhecemos os seus pontos fracos. Nenhum deles escapará às nossas manobras. Enquanto os trabalhadores da luz têm que construir o bem, nós, de maneira mais fácil, devemos simplesmente amplificar o mal que ainda existe na alma do homem, resíduo de seus estágios inferiores de evolução.

Após fitar longamente os presentes, continuou:

— Neste vale vige a lei a preceituar que chora menos quem pode mais. Por decisão consciente, optei aqui por reinar, recusando-me a servir ao Nazareno. Aqui mando eu e quem estiver comigo terá sempre proteção. Deleitemo-nos, sim, em instaurar o reino do terror. Considerem-se privilegiados por serem protegidos pelo meu escudo, a não ser que desejem ser ludibriados por aqueles que se apresentam como emissários de luz e caiam na armadilha da reencarnação, o que significa volta à carne. É o que pretendem?

— Não! — responderam os presentes em coro grave e uníssono.

— Então, disponham-se à luta. Emissários que se dizem do bem buscam infiltrar-se. É de meu conhecimento que lamentavelmente temos perdido alguns combatentes. Sei que muitos têm sido seduzidos a deixar as sombras e buscar a luz. Fiquem atentos às armadilhas. Evitem ser enganados! A Terra jamais será governada pelo Nazareno! Fora a transformação moral! Fora o progresso!

Envolvidos pelo magnetismo do palestrante, os presentes aplaudiram calorosamente. Depois ele prosseguiu:

— Aqueles que desejarem candidatar-se à grande tarefa serão bem recompensados, assumirão altos cargos em nosso reino. Astúcia, inteligência, submissão ao nosso comando e agressividade são requisitos fundamentais. Espíritos reencarnarão nos núcleos da detestável família espiritual do Nazareno e devemos estar atentos para aniquilar seus propósitos.

Um deles, confiante, porém com o cuidado de demonstrar submissão interrogou:

— Qual o plano de ação?

— Posteriormente serão convocados e informados. Por ora, basta saber que devem permanecer perfeitamente entrosados. Estudaremos as tendências inferiores de cada vítima. Teremos tempo suficiente... A oportunidade de levá-los à bancarrota será grande. Tentaremos desviá-los desde o berço, sem misericórdia!

Mantendo todos sob seu controle, o líder ultimava as providências, convocando os mais astutos e cruéis para a realização de seus propósitos sinistros.

Entidades assim, que insistem em caminhos contrários às leis divinas, não estão irremediavelmente perdidas. Mais cedo ou mais tarde enfrentarão as consequências de seus desatinos, mudando de rumo.

Acabarão por perceber que as atitudes boas e os atos construtivos nos trazem de retorno benefícios como a paz e a felicidade, enquanto atitudes más nos aprisionam em penoso cárcere moral, em longas jornadas de sofrimento e redenção.

A espiritualidade superior conhecia os graves desequilíbrios daquele infeliz reduto e em nenhum momento deixaria de agir em auxílio dos desbravadores do Cristo que viessem a sofrer perseguições de sua parte.

A vida agiria em favor de todos.

Cedo ou tarde, despertariam pela dor, a grande educadora de almas.

Capítulo 2

Anos depois...

Era outono.

Os reflexos cor-de-rosa refletiam-se no céu cinzento.

As árvores desvestidas, já quase sem folhas, emprestavam um ar nostálgico à paisagem. Um vento forte levantava nuvens de pó pelos campos levando para longe as folhas mortas.

Ainda fazia frio em Rus, um principado pagão, comandado pela família Rurikovitch, que controlava e explorava as riquezas naturais da Rússia, Bielorrússia e Ucrânia.

Olga Prekrasna casara-se com o príncipe Igor, que passou a governar após a morte de Oleg, seu pai.

Pai e filho passaram seus reinados subjugando as tribos ao longo dos principais sistemas fluviais. Um dos vários povos conquistados foram os Drevlians, cuja capital era Iskorosten. Explorados pelo sistema vigente, opuseram-se ao domínio estrangeiro. Após a morte de Oleg, recusaram-se a continuar pagando tributo a Kiev.

Em 945, o príncipe Igor tentou pessoalmente reativar a coleta de tributos, porém os Drevlians revoltaram-se e o assassinaram. Logo após, enviaram embaixadores para propor que Olga se casasse com um de seus príncipes. Acabaram todos mortos pelos soldados da princesa.

Sviatoslav, filho e sucessor de Igor, era apenas uma criança. Olga, então, tornou-se regente. Contou com o apoio total do exército Rus, embora os militares fossem contrários à sua ligação com o cristianismo ortodoxo de Bizâncio.

***

O tempo deu novo salto.

No cenário tudo era alegria: festas eram celebradas para comemorar o fim do inverno, oferecer boas-vindas à primavera e marcar o início dos trabalhos no campo.

Havia cantos, músicas, poesias, jogos e danças. Desde o entardecer, pessoas de todas as idades se reuniam nas cabanas dos camponeses russos, para cantar e bailar.

O repertório era rico e diversificado. Para todas as épocas do ano e para cada festa do calendário, havia entretenimentos próprios. Às vezes, as brincadeiras eram improvisadas na hora, principalmente as cantigas.

Na praça central da aldeia, rodeados de moradias rurais, os camponeses movimentavam-se numa feira.

Era a oportunidade em que os moradores reuniam-se para trocar ideias, saber as novidades e falar de negócios. As bancas rústicas, os cavaletes improvisados, bem como as toalhas estendidas no chão, exibiam o que existia de melhor em mercadorias, fosse para venda ou troca. Carnes-secas, peixes, frutas, especiarias, cereais, pães doces e salgados, tortas diversas, geleias, ferramentas, roupas, calçados, de tudo havia um pouco.

Naquela manhã, Malusha, uma bela jovem de 13 anos, pele alva, cabelos castanhos bem claros, porte esguio, gestos delicados, saiu do palácio para ir à feira. Levava uma cesta de fibra trançada. Vestia uma saia rodada de cor vibrante, blusa clara de manga comprida, sobre as quais se estendia um grande xale com franjas; usava um calçado de couro resistente.

A feira era realizada semanalmente.

Malusha atraía a atenção dos moradores, pois sua postura refinada contrastava com o jeito rude dos demais. Ela ruborizou-se ao perceber que o filho de Olga, a nobre senhora a quem servia no palácio, a contemplava. Perturbada, tropeçou numa das inúmeras bancas de comércio ali instaladas, caindo sobre as mercadorias que se espalharam pelo chão.

Ele aproximou-se gentil, estendeu-lhe a mão, ajudando-a a erguer-se. Esse contato, ainda que ela voluntariamente não o buscasse, a fez sentir intensa felicidade. Os olhos deles se cruzaram. Ela corou desconcertada, reproduziu mesuras com humildade e encarou o jovem com seus olhos brilhantes:

— Peço perdão pelo transtorno, excelência.

— Você, Malusha! Trate-me por você.

— Estava distraída e sinceramente, não esperava encontrar você aqui.

— Digo o mesmo. Temos serviçais apropriados para tais afazeres. Minha mãe não gostaria de vê-la carregando todo este peso. Irá participar das festividades?

— Certamente.

— Porventura, está interessada em algum rapaz? Correm boatos... Há alguém interessado em fazer-lhe o pedido.

Surpresa, a jovem pensou um pouco e respondeu sem perder o sorriso, porém com postura sóbria:

— Desconheço tais intenções, excelência.

Ele mudando de assunto, porém mantendo o sorriso, falou de amenidades. Nunca a percebera tão bela com seus cabelos macios e claros. Observou ainda seus olhos vivos e brilhantes, bem como a textura incomum de sua pele e a delicadeza de sua boca.

Como eventualmente acontecia, ela percebeu o pensamento daquele jovem. Mais que isso, tomou consciência de que ele despertava nela sentimentos e emoções intensas.

Trêmula e encabulada despediu-se e se afastou rápido, com o pensamento confuso e agitado. Sentiu-se aliviada ao dar os primeiros passos no caminho de volta ao suntuoso palácio onde servia.

O jovem Sviatoslav aparentava mais do que os 16 anos de idade por ele vividos. Era de altura mediana, constituição robusta, e quase sempre mostrava um rosto sério, cabelos ralos e claros. No horizonte de sua vida não havia ainda compromisso definitivo de casamento. Era ele o futuro mandatário do território, governado transitoriamente por sua mãe desde o falecimento do príncipe Igor, em 945.

O seu olhar frio jamais denunciaria os sentimentos que o agitavam, atraído pela jovem servidora.

Malusha, de simplicidade cativante, pertencia à criadagem. Iniciara-se como camareira; contudo havia caído nas boas graças da soberana e se tornara dama de companhia.

Na prática era bem mais que uma simples serva.

Olga Prekrasna oferecera-lhe, desde muito jovem, uma educação primorosa, preparando-a para assumir a administração interna do palácio. Apesar da pouca idade, cuidava da economia doméstica com desenvoltura. Alma sensível, Malusha cantava nos serões e a todos encantava com sua voz incomum. Dizia que não desejava casar-se. Olga a censurava, pois, alguns pretendentes já se manifestavam. A jovem a todos rejeitava.

Na verdade, um sentimento terno a dominava.

Como acontecera na feira, sempre se sentia emocionada na presença de Sviatoslav. Todavia sabia da distância entre uma serva e um príncipe quanto a sonhos de casamento. Jamais poderia cogitar uma união entre eles. Daí o seu propósito declarado de não se casar. Ninguém sabia de seu segredo, a não ser Dobrynya, seu irmão, um sábio respeitado pela comunidade.

Era um intelectual mental e moralmente avançado para a época. Viam-no, frequentemente, visitando as aldeias e lugarejos pobres à procura de enfermos do corpo e sofredores do espírito, a fim de lhes suavizar suas amarguras com as atenções de dedicado médico. Rodeavam-no os pobres, os afortunados, os idosos, as crianças, as mulheres, a fim de ouvir sua palavra sábia e receber seus cuidados.

Ele cuidara de Malusha desde o falecimento dos pais.

Nutria por ela o afeto e ás atenções de verdadeiro pai. Educava-a com esmero e vigilância. A jovem tinha sensibilidade espiritual e ele a ensinara a lidar com as visões que a princípio a perturbavam, bem como a impor as mãos para as curas e trabalhar com plantas medicinais. Não obstante os preconceitos contra a mulher, em especial no que se dizia respeito à escolaridade, iniciara Malusha, desde cedo, na escrita e na leitura.

Com paciência e ternura a ensinava. Frequentemente ela o acompanhava nas visitas, das cabanas mais humildes aos palácios.

Crente fervoroso nos poderes divinos, coração simples, cujo ideal era amar a Deus na pessoa do próximo e servir à causa de Jesus, cuja doutrina trazia sincera veneração.

Era também um cientista. Consagrava-se à pesquisa em torno da alma humana e de seus destinos, cogitando, sobretudo a auxiliar os menos evoluídos a se educarem.

Malusha amava e respeitava o irmão mais que tudo. Dobrynya fora também preceptor de Sviatoslav.

***

Na praça, Sviatoslav teve a sensação de que uma fogueira se acendera dentro dele.

Montou o cavalo e galopou até uma curva do caminho, a esperar por Malusha.

Nunca um semblante feminino parecera-lhe tão gracioso. Jamais um olhar o emocionara tanto. Seria isso o amor? Essa vontade de amparar, cuidar, evitar sofrimento? O desejo de abraçar e ser correspondido?

Notando-a encabulada, apeou. O olhar de ambos se cruzou novamente e uma centelha indelével, uma chama imortal sacudiu-lhes a alma. O cenho carregado descerrou-se e acanhado sorriso floresceu em seus lábios habituados ao comando de soldados e súditos.

— Dê-me licença. Estou atrasada, excelência.

— Espere, preciso falar-lhe. Há algo que não consigo mais controlar.

— Sinto muito, preciso retornar aos meus afazeres.

— Por que me rejeita? Não percebe o que está acontecendo?

Surpresa, a jovem fitou demoradamente o príncipe à sua frente, mantendo respeitosa distância. Seu coração reconhecia-o de tempos remotos. Haviam simplesmente se reencontrado!

— Por favor, majestade. Eu preciso ir...

— Malusha, pela última vez, trate-me por você. Eu fiz algo? Por que se tem esquivado?

— Não, em absoluto, nada fez. Todavia, prefiro que mantenhamos distância.

Havia tal expressão de amor no rosto dele que Malusha se assustou, com medo de vacilar. Baixou o olhar e despediu-se perturbada.

Sviatoslav a impediu, segurando-a pelo braço.

— Não percebe? Estou tentando dizer que eu a amo!

— Deixe-me ir, por favor.

— Não fuja! Responda! Sente algo por mim?

Ela, no entanto, afastou-se a correr e retornou ao palácio, sentindo-se em estado de graça.

Ele a amava! Embora sabendo que aquela ligação era impossível, em sua alma de moça surgiam sonhadores castelos!

***

Malusha encontrava-se nas luxuosas dependências do palácio. Naquele momento, arrumava o chá e os pasteizinhos de nata da sua senhora em uma mesa. Cantava em tom baixo uma melodia conhecida, quando súbito, viu caminhando ao seu encontro um vulto conhecido. O coração começou a bater apressado e uma agitação tomou-a de assalto.

— Por que está a evitar-me, Malusha? Acha justo?

— É impressão, excelência.

— Parece até que faz de propósito para provocar-me! Eu a proíbo de tratar-me por excelência, já não pedi? Venha!

Queira acompanhar-me, precisamos conversar.

— Sair com este tempo? O vento está forte! As margens do rio transbordaram...

— A tempestade cessou. Não é você quem conhece minhas dúvidas antes mesmo que eu as formule? Certamente sabe o que tenho a dizer.

— Perdão, não desejo ofendê-lo, porém não creio que haja necessidade de deixarmos o palácio. A senhora Olga não aprovaria.

— Aceite definitivamente esta verdade: você é livre! Minha mãe desejava recompensar de algum modo sua fidelidade. Sua liberdade está documentada. Você pode fazer o que quiser, é dona de seu destino.

Ela ouvia em silêncio.

— Há algo que me incomoda. Soube que tem um pretendente. Por favor, negue-se a desposar esse rapaz. É um atrevimento dele! Não posso imaginá-la unindo-se a alguém.

— Sinto-me honrada por ver que está tão preocupado com o meu bem-estar. Saiba que não tenho a intenção de casar-me. Já houve a recusa formal.

— É um alívio, porém noto que ultimamente você tem se mantido distante, indiferente...

— Indiferente? Não sou boa nisso! Ajudaria se eu parasse de falar o que penso?

Os dois sorriram.

— Quando você sorri, o seu rosto torna-se ainda mais encantador. Fica bem melhor vê-la descontraída e aproveito para fazer-lhe uma proposta importante. Não sei se me entende, pensei muito e vou direto ao ponto: nestes dias cheguei à conclusão que serei feliz com você! Falarei com minha mãe sobre nós. Antes, contudo, quero saber se sou correspondido...

Malusha fez um gesto afirmativo com a cabeça. Sviatoslav apertou-lhe a mão, agradecido.

— Eu sabia, minha querida. Seu olhar não me era indiferente, contudo ocultava tão bem seu sentimento e agora, mesmo dizendo isso, parece não estar realmente feliz...

— Receio que seja melhor deixar tudo como está. Não posso trair a senhora Olga, que com certeza não consentiria. Talvez deva afastar-me definitivamente. Ir para longe...

— Não estou compreendendo.

— Alguém andou espalhando algo sobre as vozes que ouço... Dizem que sou feiticeira. Acredito que estando longe ficarei mais segura. Tenho pensado muito a esse respeito.

— Mas como pode decidir algo assim? Olhe para mim! Não está entendendo? Amo-a e quero casar-me. Resta saber se você que sempre demonstrou ser paciente e dócil, se submeterá às minhas impertinências.

Após esboçar um sorriso, perguntou preocupado.

— Há outro alguém em sua vida, Malusha? Talvez eu esteja iludindo-me ao nos imaginar juntos... É isso?

— Está sendo injusto comigo! Asseguro-lhe que não. No entanto, quanto a você, já existe definida a pessoa que será levada à condição de sua esposa e nada poderá fazer quanto a isso. O anúncio já foi feito.

— Sim, porém não vou aceitar. Você conhece meus sentimentos.

— Sinto-me lisonjeada, Sviatoslav. Porém, em sua posição, não lhe cabe à felicidade que o puro amor concede. Amo você e vejo verdade no que sente por mim, porém, mediante as circunstâncias, o que posso fazer é constatar a nossa desventura. Se me for permitido, aspiro unicamente continuar a dedicar-me aos compromissos que assumi com a senhora

Olga e encontrar os caminhos que levam a Deus.

— Seus olhos brilham quando encontram os meus, Malusha. Em vão tenta esconder o que vai em sua alma. Tenho refletido, temo não conseguir refrear a imensa vontade de tocá-la...

— Sviatoslav... Do que está falando agora? Peço permissão para retirar-me.

E saiu, deixando-o contrafeito.

À noite, ela acomodou-se no leito e tentou buscar o sono, apesar do turbilhão de pensamentos que girava em sua mente. A imagem de Sviatoslav não lhe abandonava a tela mental.

***

A jovem habitualmente alojava-se nas dependências da criadagem no palácio. Não obstante, conservava o casebre rústico de seu pai, na vila. Era bem pequeno. Apenas uma sala dividida ao meio. Na parte dianteira havia uma cama rústica com cobertas tecidas por ela, uma mesa, bancos toscos, algumas peças bordadas e algumas trocas.

A parte traseira servia de cozinha e sala, com uma lareira. Com o degelo, Malusha aproveitara para lavar as roupas em um riacho nas proximidades.

Ao retornar, ouviu o rumor de um cavalo se aproximando.

Era Sviatoslav! Ele explicou suplicante:

— Desejava vê-la. Não suportava mais sua ausência. Venha, vamos sentar na grama.

— Não deveria ter vindo.

— Está com medo, Malusha? Bem sabe que não sou o tipo de homem capaz de atacar uma mulher desprotegida!

Desconcertada, ela sentou-se ao seu lado. Ficaram em silêncio por alguns momentos. Então, após trocar com ela um olhar apaixonado, murmurou:

— Suas mãos estão geladas — disse tomando-lhe as mãos entre as dele para aquecê-las.

E acentuou emocionado:

— Malusha, é muito forte o que sinto por você. É como se a conhecesse desde o passado remoto, como se a amasse desde sempre. Desculpe-me se estou sendo impertinente.

— Há uma imensa distância entre nós. Em breve terá que assumir responsabilidades do principado, que lhe cobra o compromisso assumido com uma esposa. Deve-lhe respeito e afeto.

— Não tenho interesse em falar de deliberações dos membros da União. Será somente uma nova aliança matrimonial atendendo aos interesses políticos do principado, não aos anseios do meu coração. São coisas diferentes.

— Estimaria corresponder aos seus anseios, contudo não será possível. Quanto às deliberações de conveniência, haverá de cumpri-las, sabe disso.

— Que se cumpram as determinações políticas. Mas, e quanto aos meus sentimentos? Por que tanta indiferença?

— Decerto, se me permite dizer, essa afeição há de passar.

— O esforço para se afastar de mim será infrutífero, Malusha. Se for necessário cometerei loucuras, porém eles terão que respeitar o que eu sinto.

— Em breve, ocorrerá o enlace. É preciso pensar num herdeiro legítimo. Fui agraciada pela maternal proteção de sua mãe, que me tomou quase por filha. Procurarei fazer o melhor, o que estiver ao meu alcance para não desapontá-la.

— Malusha, como seguir adiante? Como eliminar este amor de minha alma? Sei que também me ama.

— Sim, majestade.

— Então confie em mim, deixe-me resolver esta situação a meu modo, você é minha, será somente minha. E pare de me chamar de majestade!

— Perdoe-me, Sviatoslav. É para ver se percebe, não haver futuro para nós. Creia, porém, que estarei sempre ao seu lado. Se me permite dizer, ninguém jamais o removerá de minha alma.

— Do que tem medo, então? Ninguém se atreverá a incomodá-la. Eu prometo, Malusha. Deixe-me zelar por você, não fuja de mim, por favor.

— Seja sincero. O que quer de mim, Sviatoslav?

— Que seja minha esposa. Não posso imaginar que pertencerá a outro homem! Se tiver filhos, estes serão meus, haja o que houver.

— O seu casamento foi anunciado! Nada poderá fazer quanto a isso. Não espere nada de mim.

Os olhos dela encheram-se de lágrimas, que a custo tentou dominar. Em vão tentou dissuadi-lo, todavia, seus argumentos foram inúteis. Quando almejava algo, Sviatoslav era cabeça dura e ninguém o fazia mudar de ideia.

— Não deve mais procurar-me. Em breve terá que assumir seus deveres com a União. Desejo que seja feliz e deixe-me prosseguir a meu modo. Por favor, vá agora. Respeite-me! Se insistir, talvez seja melhor eu partir…

— Partir? Como partir? Iludi-me julgando que também me amasse... O meu desejo é selar o nosso amor, consolidar o que nos une para sempre, todavia, talvez eu esteja enganado quanto aos seus sentimentos…

— Eu o amo, Sviatoslav. Mas, compreenda, por favor. Sou pouco mais que uma criada. Você deverá casar-se com uma mulher adequada às exigências de sua posição. Trata-se de uma resolução séria com inúmeras implicações. Entenda!

— Eu amo você! Esta situação é absurda! Conversarei com minha mãe. Ela há de nos apoiar!

O temor cresceu no coração de Malusha, um pressentimento doloroso. Suspirou fundo, pediu licença e afastou-se.

***

A tarde caíra. À frente da humilde morada de Malusha, um pinheiro tingia de sombras o alpendre tosco da entrada, enfeitado de jasmins e trepadeiras, ao passo que ervas e flores bordavam de tonalidades suaves o terreno cultivado.

Árvores com flores tenras tentavam frutificar.

Ao redor, uma profusão de aromas.

Descia o crepúsculo e as primeiras estrelas apareceram bem pálidas, no imenso azul.

Em um dado momento, mal Malusha conciliara o sono, percebeu um movimento e um ruído de alguém se aproximando.

Ergueu-se olhando em torno, atenta. Viu um vulto à porta. O interior estava em penumbra. Pensou que fosse Dobrynya. Era Sviatoslav.

— Aconteceu algo? Foi com a senhora Olga? O que faz aqui?

— Sim, aconteceu...

Ela encontrou o olhar dele e estremeceu sem nada conseguir falar. Ele forçou o corpo para junto dela e sentiu-a tremer em seus braços. Enlaçou-a de encontro ao seu coração e a beijou apaixonadamente, envolvendo-a em doces carícias.

— Saia de minha casa! Por favor... Está louco? É o herdeiro do trono, Sviatoslav. Deve afastar-se! Não há futuro para nós!

— Eu a amo. Juro que a protegerei pelo resto de minha vida. Deixe-me ficar! Não coloque as razões do Estado entre nós.

Ela quis resistir, fugir enquanto era tempo, porém o coração não deixou. Esqueceu-se de tudo, entregando-se à explosão de sentimentos e emoções, sentindo que era ele o homem de seus sonhos, o soberano de suas esperanças.

Ele abraçou-a com ternura, beijou-a novamente.

Malusha sentiu-se também dominar pela paixão e entregou-se aos seus beijos. Quando ele se tornou um pouco mais afoito, ela assustou-se, e desprendendo-se dos braços dele, solicitou que Sviatoslav fosse embora.

— Não fuja! Você será minha esposa.

A jovem, porém, assustada, encaminhou-o até a porta, fechando-a apavorada. Deitou-se a tremer, sentindo ainda em seu rosto os beijos de Sviatoslav.

Naquela noite, chorou muito e pensou em uma fuga.

O alvorecer seguinte encontrou-a nervosa, insone e pálida.

***

O dia passou rapidamente.

Descera a noite e um grande silêncio contornava os arredores. Malusha novamente ouviu ligeiro ruído à porta de madeira:

— Já não me é possível viver sem sua companhia, Malusha. Eu a amo loucamente, sou capaz de dar o sangue de minhas próprias veias e a vida por você. Fica comigo.

— Sinto o mesmo, porém não devemos, Sviatoslav.

— Meu anjo! Amo-a tanto! Bem como se a amasse desde sempre. Quero-a acima de tudo neste mundo.

A jovem caiu em seus braços.

A partir deste dia, não mais resistiu.

Os dois se amaram com um sentimento mesclado de paixão e grandioso amor, emoção que poderia torná-los o casal mais feliz daquelas terras, mas que para ambos, trazia vaticínios de futuras amarguras.

Arrebatados pelos devaneios, alimentaram o sonho de uma união, todavia esta não poderia consumar-se.

Não obstante, foram tempos de indizível felicidade.

***

Durante algum tempo alimentaram-se de esperanças, ele sempre terno e afetuoso. Vivia intensamente as alegrias que a ternura de Malusha proporcionava-lhe.

Sviatoslav buscava afastar os pensamentos infelizes. Os familiares o liberariam do compromisso assumido. Tinha feito projetos, sonhos para o futuro. Não concebia mais a vida sem aquela que amava acima de tudo.

Chegou a planejar uma fuga, entretanto Dobrynya o convencera a mudar de ideia. Sugerira que falasse a respeito com sua mãe.

Foi o que fez. Abriu-se com Olga Prekrasna, colocou-a a par da situação, confessou o imenso amor que nutria por sua protegida e o quanto desejava desposá-la.

Não obstante a nobreza de seu caráter, a dama que seria conhecida como caridosa e protetora dos desprovidos, reafirmou ao filho que não seria possível. Havia sérios compromissos a serem cumpridos.

Vendo que ele vacilava, em desespero, disposto à loucura de uma fuga, a soberana convocou a jovem para uma conversa íntima. Falou-lhe com bondade:

— Lamento destruir os sonhos de vocês, Malusha. São tão jovens! Se tivesse outro filho, eu mesma os apoiaria, porém não há ninguém para assumir o encargo. Ambas as cortes se comprometeram, guardando interesses recíprocos. Sviatoslav está inconsolável. Disse-me que selou com você um ajuste de matrimônio, porém isso é impossível, minha querida.

— Lamento se a desapontei, senhora, justamente a pessoa que me tomou sob maternal proteção. Foi um arrebatamento juvenil. Prometo não agir com o coração, comprometendo o futuro de vossa família e do principado. Perdoe-me.

— Filha, enxugue as lágrimas. Sei que, ao contrário do que disse, não são arroubos inconsequentes. Tenho consciência do que sentem um pelo outro. Infelizmente, nos reinos e nos principados as uniões ocorrem segundo os interesses de linhagem, os títulos, privilégios e haveres hereditários. Casamentos, como sabemos, acontecem, não raro, sem que ao menos os jovens se conheçam. Pretende-se que o amor seja fruto da convivência. Mas, isso não corresponde aos fatos! Eu sei e senti a realidade na própria pele... No passado houve um episódio similar que causou muita tristeza em minha vida...

— Sinto muito.

— Escute-me. Casei-me com o pai de Sviatoslav com o coração dilacerado. Embora ninguém desconfie, estava enamorada de outro jovem. Tenho vivido de recordações dos nossos encontros. Eu o amava mais que tudo. Sofri em silêncio, jamais revelando a quem quer que fosse. Posso dizer-lhe que da convivência pode brotar uma forma de amor em que um se apoia no outro, porém o amor verdadeiro que preenche todos os vazios, não nasce da estreita convivência de uma vida, filha.

— Posso entender, senhora.

— Minha alma se mantinha inconsolável, contudo, assim que pude, tratei de buscar outro caminho. Quando percebi que nada poderia fazer na concretização de meu amor, experimentei exercitar um mandamento cristão. Entreguei-me ao esforço de ajudar nossos irmãos carentes, buscando amenizar os males de meu coração, com o empenho de amenizar os males alheios. Faça o mesmo, Malusha! Por vezes nos sentimos exaustas de tantas desventuras neste mundo, todavia, tudo tem uma razão de ser. Direcione o amor que traz em seu coração aos carentes, aos enfermos, aos necessitados, pois aí encontrará a paz. Foi assim que ocorreu comigo. Confiemos em Deus nossas esperanças.

— Não sei se permanecerei por aqui. Não desejo as implicações em minha consciência advindas do erro do adultério. A senhora conhece bem o modo de ser do seu filho, impositivo e insistente... Assim, seria mais fácil para todos se eu partisse.

— Não, minha filha! Peço-lhe encarecidamente: fique ao menos por enquanto. Se partir será pior! Tenho receio da reação de Sviatoslav. Temos Dobrynya que nos equilibra com sua bondade e sabedoria. Mais tarde, se assim o desejar, respeitarei sua decisão. Eu prometo! Não estou pensando somente em meu filho, penso em sua situação também, no nosso ideal e valores, e em nosso próprio principado. É preciso que estejamos unidos para cumprir os desígnios divinos.

— Agradeço a atenção, senhora Olga. Este lar é um sagrado refúgio, do qual eu nunca tive propósito de afastar-me. Terá sempre o meu amor e respeito. Vou refletir e espero que me perdoe se estou sendo egoísta e causando problemas.

— Malusha, siga meu conselho. Se não conseguir esquecê-lo, ame-o no silêncio, resignadamente, e doe o seu amor a outros, espalhando a generosidade que mora em seu íntimo. Socorra os necessitados do corpo e da alma. Dissemine o amor, e assim estará alicerçando um futuro de bênçãos. Este caminho tem sido a minha salvação, filha. Confie.

Deste modo, Malusha continuou atendendo aos seus deveres costumeiros, aliando as tarefas domésticas às visitas de assistência aos carentes, em companhia de sua benfeitora, contando sempre com o apoio e os ensinamentos de Dobrynya.

***

Em poucos dias foi anunciado o matrimônio de Sviatoslav com a jovem Milly, cuja família era da Eslováquia.

Dessa data em diante, Sviatoslav e Malusha distanciaram-se. O jovem príncipe a cada dia levantava-se mais irritado e insatisfeito. Criticava os criados, reclamava do chá, queixava-se de tudo. Dobrynya, condoído pelas frustrações de seus tutelados ainda tão jovens e inexperientes, tudo fazia por animá-los.

Conversando com a irmã, disse-lhe:

— Malusha, Sviatoslav procurou-me. A perturbação lhe turvou a mente, e agora o ressentimento e a mágoa tomaram-lhe o coração. Está revoltado! A senhora Olga foi procurar-me... Está preocupada e receosa de intervir na vida afetiva do filho.

— Meu irmão, são efetivamente razões de Estado. E estas devem ser acatadas. Meu destino neste mundo, agora eu sei, não é casar-me com ele. Se assim fosse, viria em condições para tal realização. Não quero mais vê-lo, pois a sua presença sempre me faz sofrer. Praticamente o proibi de visitar-me. Preciso de tranquilidade para reorganizar meus pensamentos e entregar-me às reflexões, a fim de entender a minha utilidade neste mundo.

— Sviatoslav não inspira confiança na mãe, a despeito de sua exaustiva preparação para substituí-la. Refratário ao cristianismo e por isso contrariando a mãe, ele mostra-se a cada dia mais reservado e pouco comunicativo. Com esta postura, estabeleceu um vácuo de relacionamento entre ambos, ensejando intrigas, conchavos de bastidores, que você sabe, contribuem para a explosão da crueldade implacável, urdida nas sombras. Ela deseja ver você por perto, por isso esteve aqui. Pediu-me para intervir...

— Ela conhece o filho e sabe da determinação dele. Tentei fazê-lo compreender: há uma razão maior nisso tudo. Mil vezes vejo-me em súplicas, no intuito de atrair sublimes revelações que me indiquem o caminho, todavia os céus nunca se apressam a nos descerrar o véu das revelações... Peço perdão, meu irmão, se o estou desapontando.

A noite estava gelada e o vento rugia lá fora. A conversa se estendeu enquanto tomavam a sopa de calor reconfortante. Dobrynya dizia-lhe que o plano da vida imortal era bem mais vasto do que se poderia imaginar. Necessário é o aprendizado das leis divinas para superar as perplexidades da jornada terrena. E sempre haveria o apoio da espiritualidade.

Despediu-se.

Malusha no silêncio de seu leito distinguiu súbita claridade penetrando em seu aposento. Sentiu uma presença suave, como se uma mão amiga afagasse sua cabeça.

Um *anjo* ali entrava e uma enorme felicidade a envolveu. Era um benfeitor que vinha serenar o seu coração.

Sem saber definir exatamente o que acontecia, passou por uma experiência de desdobramento espiritual.

A entidade tomou-a pela mão e arrebatou-a para o espaço, literalmente voando, conduzindo-a para um local iluminado, adornado de flores, em uma atmosfera plena de paz.

Outras almas estavam presentes, no entanto, ela se sentia centralizando a atenção de todos, que a envolviam em vibrações afáveis. Curvando-se para ela, seu protetor espiritual falou:

— Filha, é chegada a hora de seu testemunho. Por trás das situações mais difíceis há, não raro, projetos espirituais que estão sob a égide do Nazareno. Os redentores ensinamentos Dele são candeias que espalham a luz e Seu poder vence inexoravelmente as trevas. Prossiga! Cada qual está no lugar certo, na hora certa e cada um carregará consigo poderes e possibilidades inestimáveis para colaborar com os desígnios superiores, tendo em vista o progresso dos povos.

— Seja quem for o senhor, meu protetor, velai por meu destino.

— Filha, você poderá contribuir com dedicação e boa vontade para que a nova geração da sua pátria cresça no caminho da verdade apontado pelo Cristo. Você sentirá nosso apoio, porquanto estamos ligados em pensamento. Confie.

Malusha sentiu-se reconduzida ao corpo. As lições aprendidas se sobrepuseram à angústia. A voz do seu protetor espiritual ainda vibrava em seu íntimo, proporcionando-lhe paz e equilíbrio.

Ao amanhecer, embora de forma esmaecida e tomado por ela como um sonho, recordou-se do desdobramento e do contato com o luminoso espírito.

Sentia-se renovada, sem receios e em paz, disposta a enfrentar os testemunhos que viriam.

***

Tudo se desdobrou rápido.

O poder de comando da dinastia Rurik, da qual Sviatoslav fazia-se o sucessor, era baseado em sua capacidade de controlar e explorar as riquezas naturais de uma vasta região, que se estendia ao longo de quatro zonas territoriais com grandes diferenças climáticas, cada qual passível de diferentes formas de exploração econômica.

Volkhov-Lovat, Dnieper, Volga e Don formavam sistemas fluviais que ligavam estas zonas de recursos diversos. Naqueles rios era possível viajar de barco do norte da Europa para os grandes impérios do início da Idade Média ocidental da Eurásia — o Império Bizantino e o Califado Islâmico.

Igor, o pai de Sviatoslav, bem como Oleg, o antecessor, passaram seus reinados subjugando as tribos ao longo dos principais sistemas fluviais. Uma vez conquistada, cada tribo foi absorvida em um sistema rudimentar de cobrança de impostos, na forma de peles, cera, mel e escravos de várias tribos.

Quando se tornou regente, Sviatoslav era uma criança.

Agora, já um rapaz, precisava assumir o poder, administrar o principado, unindo-se a uma mulher de posição compatível com as exigências de sua posição real, sob as bênçãos da aliança dinástica.

O consórcio foi marcado por uma festa memorável, com um banquete suntuoso e presentes que iam desde a seda utilizada na mesa imperial, joias valiosas, pedras preciosas até cavalos. Não faltou quem se prontificasse a atuar como agente da vontade real, com a presença de membros da União e os nobres da comunidade.

A esposa Milly era uma jovem bela e virtuosa, dócil e delicada, que aceitara o casamento imposto sem questionamento, consciente de seu destino.

Para surpresa de Sviatoslav, logo após as núpcias, confessou-lhe que seu coração pertencia a outro. Pediu-lhe paciência, garantindo que honraria o compromisso assumido.

Não obstante, Milly julgando-se sozinha era a própria imagem do desalento. Sofria e raro era o dia que não dava vazão aos seus sentimentos, derramando-se em lágrimas.

Na verdade, ninguém estava feliz.

Sviatoslav vivia permanentemente irritado e nervoso, seu mau humor vinha piorando. Não conseguia tirar os olhos de Malusha. Estava totalmente embevecido pelo indescritível encanto que emanava dela e pela beleza de suas formas. Aborrecido, esquivava-se de todos, sempre cogitando aproximar-se daquela que, com grande esforço, mantinha respeitosa distância dele.

Igualmente tristonha, procurando esquecer o amado, Malusha devotava-se a Deus e aos conhecimentos que o seu irmão lhe fornecia, tentando colocá-los em prática.

Dedicava-se principalmente às crianças humildes, filhos dos camponeses da redondeza, ensinando-os a cantar e a declamar.

A senhora Olga fornecia-lhe recursos para a confecção de roupas, agasalhos e alimentos que distribuía.

Precisava esquecer o amado. Preenchia o mais possível o seu tempo para bani-lo do pensamento, porém chorava de saudades e só ela sabia o martírio que impunha a si mesma, em um exercício de renúncia.

Surpreendentemente, não obstante, o pouco convívio foi como se linhas ocultas e abençoadas do destino se entrelaçassem, aproximando-a de Milly. Logo, uma sólida amizade as unia.

Capítulo 3

O rigoroso inverno transformava o cenário, cobrindo de branco o horizonte.

Tempestades de neve e granizo precipitavam-se sobre o campo e as cidades. Recolhiam-se as pessoas, os animais, as aves.

O serviço cessava, a vida tornava-se lenta.

Desde os primeiros contatos, Milly conquistou a simpatia do grupo familiar em um convívio doce e afetuoso. Era uma jovem educada e de boa índole. Possuía generosos dons artísticos, o timbre de sua voz era agradável, bordava com competência lençóis, lenços e roupas, manuseando linhas em inúmeros tons, com desenvoltura.

Marke, sua babá desde a infância, era uma senhora de meia-idade que ainda apresentava os traços da antiga beleza. Nos seus grandes olhos azuis havia uma expressão de bondade. Cabelos prematuramente embranquecidos emolduravam-lhe o rosto fino.

Milly devotava-lhe profundo amor e a trouxera para morar consigo. Contudo, pela diferença de idade, constrangia-se em compartilhar com ela determinados assuntos.

Com Malusha foi diferente. Ambas jovens e de boa índole, logo se formou entre elas sólida amizade. Sempre que possível Milly a convidava para passeios, tomando-a para sua confidente.

Numa dessas oportunidades, Milly abriu-se com a serva:

— Não sabe o quanto estou sofrendo. Sinto-me como se estivesse enclausurada. Tenho saudades de meus pais. Confesso que ainda custo a crer que estou casada com Sviatoslav.

— É natural, Milly. É tudo recente. No entanto, sinto você abatida, como que desamparada...

— Vou ser mãe, Malusha! Deveria estar feliz. Não obstante, sinto-me como se fosse um objeto, uma prestadora de serviços, que vai cumprir a tarefa de dar à luz uma criança, no interesse do Estado.

Aflita, a jovem desatou a chorar. Malusha atordoada com a situação ponderou:

— Não pense assim. Seu filho terá a gloriosa missão de conduzir um povo. E a maternidade é sempre uma bênção!

— Sonhei compartilhar minha existência com alguém que amasse. Houve um jovem de linhagem humilde... Uma triste e tormentosa história.

Milly passou a narrar a sua vida.

— Desde cedo, meu pai pretendia que eu me casasse com Sviatoslav. No entanto, apaixonei-me por um jovem camponês e a força que nos atraía um ao outro aumentou tanto, a ponto de não mais considerarmos a distância enorme imposta pela diferença de classe social que nos separava. Assim, traí meus compromissos anteriores e passei a encontrá-lo às escondidas. Conhecendo bem meu pai, não me animei a contar-lhe. Minha mãe desconfiou de algo, porém esquivou-se. Entreguei-me de corpo e alma a ele. É o amor de minha vida!

— Seu pai nada soube?

— Desconfiou e mesmo sem ter conhecimento da totalidade dos fatos, ficou furioso. Eu implorei... Ele e mamãe se negaram terminantemente a permitir que eu desse um rumo à minha vida diferente do que fora definido. Fiquei desesperada. Vovó dizia que não apoiaria minha *aventura*; mamãe afirmava que meu comportamento seria uma desonra para a família. Papai ameaçou me deserdar e mandou espancar os suspeitos. Eu sabia que mesmo sem ter um nome definido, seria capaz de matar alguém por uma simples suspeita. Rendi-me às imposições para acabar com aquela ameaça. Seria inútil tentar fugir à situação imposta. Não obstante, jamais esquecerei meu amado.

— Posso entender perfeitamente seu dilema.

— O pior estava por vir. Combinei com meu amado que fugiríamos. Um plano foi traçado. Ele iria primeiro. Depois eu o encontraria. Entretanto, meu pai desconfiou de minhas intenções e manteve-me trancada. A meu pedido, Marke burlou a segurança, e foi avisá-lo, contudo ele havia desaparecido. Fiquei em estado deplorável. Dias depois, encontraram um moço e, julgando ser ele o fugitivo, torturaram-no barbaramente. Desfigurado e morto, teve o seu corpo incinerado. Jamais soube se era ele ou não...

Malusha, sensibilizada, tentava consolá-la.

— Acalme-se! Mude o seu pensamento. Peça proteção a Deus.

— Ah, Malusha, feliz é você, pois pode amar e se casar com quem bem entender, sem precisar pedir autorização a ninguém.

Que ironia do destino, — pensou Malusha — que vivia praticamente a mesma situação...

Abraçou a amiga dizendo:

— Enxugue as lágrimas. Há um filho chegando que irá alegrar seus dias. Sviatoslav se sentirá o mais afortunado dos homens. A criança os aproximará.

— Não creio. Encontra-se ele de péssimo humor! Pode-se, é certo, obrigar uma pessoa a dar o seu nome, mas nunca o seu coração. Ao saber da gravidez, Sviatoslav manteve-se frio. Limitou-se a comentar: *Precisa ser um menino*. Unimo-nos sem amor, é verdade, todavia eu não esperava algo assim, tamanha indiferença...

— Acalme o coração, talvez seja a surpresa da hora. Tudo isso vai passar. Ele, com toda a certeza, amará esse filho. Vocês serão felizes!

— Sinto-me só, desencorajada, Malusha. Sei que um filho deveria preencher nossas vidas, um sonho realizado, entretanto...

Grossas lágrimas derramavam-se de seus olhos, transbordando suas mágoas.

Erguendo o olhar, notou que lágrimas abundantes também cobriam o rosto de Malusha.

— O que houve? Disse algo que a magoou?

— Não, por favor, não há nada! O seu triste drama... Sinto muito, Milly. Estou comovida, é só...

Deixando-se levar pela intuição, Milly falou ternamente:

— Não, Malusha! Penso que não seja somente isso. Desde o início percebi o que vai no coração de Sviatoslav, como ele a olha. Noto o quanto ele se aborrece quando você se esquiva de participar das reuniões festivas, de nossa presença... Sinto que ele a ama. Só não sei se há reciprocidade. Por favor, seja sincera, abra-se comigo.

Após longa pausa, Malusha falou reticente:

— Perdoe-me por desapontá-la, Milly. Não vou negar o que sinto e nem poderia... Nós mulheres crescemos com sonhos tolos, alimentando o anseio de nos depararmos um dia com uma alma afim. Sviatoslav significava a esperança de meu porvir. Porém, igualmente devo dizer-lhe que tenho procurado afastar-me, receando trair-me, ferir você ou a senhora Olga.

— Que destino caprichoso! Ele sabe? Alguma vez já confessou o que sente a ele?

— Milly, passei por experiência idêntica à sua. Aconteceu entre mim e ele, antes do casamento de vocês, e não mais depois. Porém sabíamos que não estávamos agindo de acordo com as regras do principado.

— Então eu estava certa. Vocês se amam...

Malusha assentiu e, olhando firme nos olhos de Milly disse:

— Dei graças a Deus por nos tê-la enviado. Tive medo de meus sentimentos, de sentir ciúmes. Mas creia, estou feliz por você. Oro para que compreendamos os deveres que nos foram atribuídos. Faço de tudo para represar meus sentimentos. Antes do seu enlace, tomei a resolução de partir, contudo, a senhora Olga insistiu que eu ficasse. Acabei cedendo, infelizmente. Será melhor partir agora.

— Jamais pense em nos deixar, não dessa forma! Sinto-me só, fique conosco. Fique por mim! Vamos tentar preencher nosso vazio juntas. Não temos culpa desta situação insana.

— Eu a estimo, igualmente. Entretanto, será melhor partir. Só lhe peço, não o recrimine. Ele não tem culpa dessas regras que regem os nossos dias. Ambos vêm de uma linhagem onde não podem fazer escolhas.

— Malusha, por favor, fique! Peço-lhe... Quanto a você e Sviatoslav, que direito teria de julgá-los se quem interferiu na vida de ambos fui eu? Saiba que compreendo a situação e tenho profundo respeito pelo amor de vocês. Temos maturidade suficiente para compreender que Deus sabe o que faz e certamente a circunstância que estamos vivenciando tem algo a nos ensinar.

— Milly, eu sei que não devemos nos entregar a anseios inconfessáveis, que quase nunca nos abandonam. Quer que eu fique e torne-me concubina de Sviatoslav? É isso?

— Não! A intenção não foi ofendê-la, desculpe-me se o fiz, Malusha.

— Eu sei, Milly. Eu sei... Reconheço a sua generosidade. Você não me ofendeu, e saiba que se eu adotasse tal postura, presumo, logo estaria bem infeliz. Prometo que enquanto eu tiver forças, aqui estarei servindo com devoção e sinceridade. A prece será a fonte que nos fornecerá forças para amenizar os nossos caminhos. Uma voz interior segreda-me que por trás desta situação, há um desígnio maior.

Milly assentiu. Abraçaram-se emocionadas tomadas por vibrações celestes que se derramavam sobre ambas, tal qual bálsamo abençoado para suas amarguras.

***

A neve começava a derreter anunciando o final do inverno.

A vegetação despontava após a longa hibernação e já tingia de verde o cenário. As plantações preparavam-se para multiplicar os frutos. Quando surgiam alguns raios de sol, todos saíam de suas casas e, felizes, reuniam-se na praça, especialmente as crianças agora mais coradas e belas. Com a chegada desse tempo mais quente, os animais se alimentavam melhor e tinham menos enfermidades.

As pessoas que sabiam tocar instrumentos se agrupavam e logo começava o bailado com músicas populares. Os rapazes vestiam roupas coloridas e mais leves, as moças soltavam os cabelos e experimentavam passos, comemorando a entrada da primavera.

O despertar da estação das flores era literalmente a palavra de Deus na natureza, exaltando a esperança na linguagem da vida que se renovava. Nesta didática divina, brisas frescas traziam fragrâncias complementando a mensagem e o canto alegre dos pássaros fazendo a trilha musical.

Os meses seguintes transcorreram sem acontecimentos especiais.

Foi neste clima que Milly deu à luz um lindo menino.

Devotava-se em cuidados costumeiros de mãe zelosa e esposa solícita. No entanto, o pequeno nascera doente, solicitando cuidados especiais.

***

Malusha cumpria seus afazeres, quando, inesperadamente, sentiu-se indisposta. Pediu licença e ausentou-se demandando seu refúgio, sem falar de seu mal, porquanto não desejava preocupar ninguém. Forte crise nervosa a reteve no leito. Sentia-se fraca, sem vitalidade, vendo a noite passar.

Na manhã seguinte, Sviatoslav notou sua ausência. Preocupado, foi até a aldeia. Ao entrar na residência humilde, aproximando-se do leito, assustou-se.

Malusha estava desmaiada, extrema palidez...

Um calafrio percorreu seu corpo. Parecia morta! Desesperado, curvou-se e alinhou os cabelos dela que se espalhavam pelo travesseiro. Ante a situação, compreendendo só agora a intensidade do amor que sentia, experimentou forte amargura imaginando sua vida sem Malusha.

Apressou-se em procurar Dobrynya que medicou Malusha e o informou que havia um trabalho da espiritualidade em favor da doente.

Pediu-lhe que orasse com fervor. Sviatoslav embora não tivesse o cristianismo como fé assumida, entregou-se à prece ardente, implorando proteção aos céus. Depois, quebrando o silêncio, implorou:

— Salve-a, Dobrynya! Confesso que ela é verdadeiramente a luz em minha vida... É só o que lhe peço. Está fria, imóvel! Temo pelo pior!

— Acalme-se, Sviatoslav. É uma perda momentânea dos movimentos. Desde a infância, ela esteve sujeita a certas experiências. Fique tranquilo. Nada de mau há de acontecer.

Horas se passaram de ansiosa expectativa. Porém, em um momento Malusha abriu os olhos e mostrando rapidíssima recuperação, despertou com a aparência praticamente normal.

— Dobrynya?

— Malusha! Graças a Deus. O que houve?

— Sinto que dormi e que tive sonhos...

Neste momento, ela percebeu a presença de Sviatoslav.

— Por que está chorando?

— Agora é de alegria, Malusha. Estou feliz e grato às forças do bem que a trouxeram de volta.

— Não sei exatamente o que se passou. Senti-me enfraquecida e depois conduzida a um lugar desconhecido... Peço perdão por possíveis transtornos que possa ter causado. Agora sinto-me fortalecida, renovada. Realmente estou bem!

— Você quase nos matou de susto — disse Sviatoslav.

— Recorda-se de algo, minha irmã?

— Senti-me transportada a uma colina verde, paisagem plana e graciosa, com um rio banhando meus pés. Vi-me diante de um ancião cujo semblante não me é possível recordar. Falou-me de um compromisso que assumi antes de nascer.

— Compromisso?

— Afirmou que pelo renascimento, muitos encontros na Terra são reencontros programados antes do berço, com a finalidade de desfazer conflitos e resolver enigmas perdidos no passado. Ressaltou que o trabalho na caridade fortalecerá a minha alma. Sinto que existe uma tarefa nesse sentido. Esclareceu que eu acabara de passar por um problema de saúde, mas que já estava tudo bem.

— Lembra-se de algo mais?

— Disse que não nos limitássemos a curar corpos, que tratássemos de curar também as almas, ensinando-lhes valores morais.

— Seriam os descritos no livro cristão que minha mãe tem estudado? — perguntou Sviatoslav.

— Sim... — respondeu Dobrynya —, há muito participo de um grupo que estuda o Evangelho visando a extrair dele os seus princípios morais e mais ainda, fazer estes ensinamentos presentes nas ações diárias de nossa vida.

— E quanto ao sonho de Malusha?

— Não foi um sonho, foi uma visita espiritual, Sviatoslav. O homem possui poderes espirituais suscetíveis de desenvolvimento; possui uma alma, a essência do ser cuja identidade sobrevive à morte do corpo físico.

— Você ficou como morta! — espantou-se Sviatoslav, dirigindo-se à jovem. — Foi horrível!

— Ao retornar desta experiência fora do corpo físico, eu percebia seu desespero, contudo sentia-me em completo torpor. O corpo recusava-se a obedecer às ordens da mente, permanecendo paralisado. Desejava dizer-lhe que eu estava bem, estava viva, todavia não conseguia. Sinto muito...

— Como pôde ver-me se seus olhos estavam cerrados? Isto tudo é uma loucura para mim! Você acredita conversar com gente que não está aqui. Como explicar isso?

— Estas visões se dão pelos olhos do espírito e não do corpo — explicou Dobrynya.

Sviatoslav dirigiu-se à jovem:

— Agora você precisa descansar. Esqueça as visões, as vozes e as viagens espirituais, ainda mais que para mim tudo isto é muito novo e estranho. É uma ordem, está entendendo? — disse a sorrir.

— Sim, senhor! Só lhes causo problemas, não é mesmo? — brincou Malusha bem-humorada.

E dirigindo-se a ambos.

— Essas minhas saídas do corpo físico não acontecem pela ação de minha vontade.

— Bem, tranquilize-se — disse Dobrynya. — Prometa que não sairá desta casa! Sei que não tem disposição para ficar presa a uma cama, porém é preciso. Durma, descanse. Estaremos em vigília. Se necessário *amarraremos* sua alma ao leito para não se aventurar em novas incursões.

Os três sorriram. Sviatoslav inclinou-se de leve e beijou-lhe a testa, enquanto ela dizia:

— Estou cansada. Acho que vou dormir. Não falem mal de mim, pois, como viram, estarei atenta, escutando as reclamações, ainda que adormecida!

Riram novamente quando Dobrynya continuou:

— Quando você a encontrou aparentemente inconsciente, ela, no entanto o ouvia Sviatoslav. O espírito dela tinha consciência de suas palavras, porém sem condições de se manifestar devido à sua ligação ao corpo físico não ter ainda voltado à normalidade. Daí a paralisia momentânea pela qual ela passou.

— Mas, por que esses acontecimentos? Por que com ela?

— Ela tem essa faculdade, desde menina. E tem um tipo de fluido natural que dirigido pela vontade pode promover curas. Vejo os resultados nos atendimentos que fazemos. Existem também fluidos retirados da própria natureza, manipulados e aplicados por médicos espirituais.

— Precisamos tomar cuidado com o que falam dela sobre as curas e sobre a comunicação com os mortos, Dobrynya. Há muita crendice a respeito. Os que não compreendem essa atividade imaginam que seja feitiçaria.

— Malusha não pode furtar-se a esse compromisso de praticar a caridade promovendo curas. É sua missão, ainda que possa causar-lhe embaraços. E sempre há alguém a ser ajudado. Ela contou-me que na semana passada percebia uma voz desesperada que parecia falar dentro dela. Recomendava insistentemente que fosse a um local próximo, pelas redondezas. Ela procurou-me, levamos algumas ervas e unguentos numa sacola. Dentro da mata, chegamos à margem do riacho onde havia uma criança. Era um menino. Estava morto, o corpo estava preso pela roupa a um toco de árvore. Ela sabia que o espírito do menino a chamara e nos levara até ali. Súbito, ouvimos o choro de um bebê. Estava todo enrolado em panos junto à água. Ela o pegou no colo e o aqueceu. Felizmente, conseguimos salvá-lo.

— E onde está a criança?

— Entregamo-la a uma senhora conhecida que está cuidando dela.

Malusha que lhes parecera até agora adormecida, interveio:

— Dobrynya, deixe de colocar caraminholas na cabeça dele!

Sviatoslav sentia-se contrariado com aquelas atividades de sua amada.

— Vejo que teremos que tomar providências, colocar alguém a vigiá-la, pois continua agindo sem pensar. Tem que a impedir de novos desatinos, Dobrynya!

— E quem pode, meu caro? Acaso se habilita?

— Sem dúvida! Eu pretendo tomar conta dela.

— Hei! Parem com isso! Não fique zangado, Sviatoslav! Tenho cumprido o que me pediu! Falei somente a Dobrynya sobre as vozes e ele me acompanhou.

— Temo pelo que possa lhe acontecer. Acredito que seja melhor esquecer as vozes e as crianças, e não comentar com ninguém sobre o que se passou aqui. Agora, descanse!

— Sviatoslav, não desejo causar-lhe problemas.

— Você não causa os problemas, vai ao encontro deles! Sempre aparecem quando você está por perto! Não percebe o risco que corre? Agora, para o seu bem, não fale mais nada. Somente busque adormecer! Prometa que descansará por alguns dias.

— Prometo — disse Malusha sorrindo. Agradeceu ao irmão e ao soberano, convencendo-os a ir, pois um bom sono seria suficiente para recuperar suas forças.

Pouco depois adormeceu.

Promessa não cumprida. Na manhã seguinte, logo se levantou, banhou-se e alimentou-se, explicando ao irmão que se sentia plenamente restabelecida e que ele ficasse tranquilo.

Sabendo ser inútil contestá-la, Dobrynya voltou aos seus afazeres.

***

Doces brisas agitavam a tarde, quando Sviatoslav retornou à casa onde estava Malusha.

Entrando, percebeu que ela adormecera. Sentou-se em uma cadeira à beira do leito observando o quão encantadora se revelava em sua vestimenta singela e escrupulosamente limpa. Por ali se deixou ficar perdendo a noção do tempo.

Noite fechada Malusha acordou e surpreendeu-se com sua presença. Sensibilizado, ele desabafou:

— Você quase me enlouqueceu de dor e preocupação. Sabe quanto a amo! Ao chegar ontem, seus membros estavam rígidos, o corpo gelado, eu pensei que estivesse morta.

Procurando encerrar tão delicado assunto, ela falou prudente:

— Sviatoslav, meu irmão narrou o quanto ficou aflito, quão intensamente se empenhou para restituir-me a saúde. Sou grata, e felizmente sinto-me fortalecida. Acredite, estou bem.

— Malusha, não vê que não encontro refúgio, nem consolo, nem alívio em parte alguma? Daria a minha vida por você, se necessário, e estou preocupado! Deixe-me levá-la comigo, cuidar de você, afastá-la desses perigos. Aceite pertencer-me. Você será para mim, nas minhas decisões e no meu destino, verdadeiramente a soberana!

— Se me ama, deixe-me, eu suplico. Respeite-me e respeite Milly, que é uma irmã para mim.

— Eu sei disso, Malusha. Milly confidenciou-me sobre a afeição que a envolveu na juventude. Revelou-me os reveses da vida pelos quais passou, exprimindo sentimentos tão nobres quanto os seus. Ela compreende o que se passa e diz que saberá entender a nossa situação.

— Sim. Ela sabe de meus sentimentos, mas não posso fraquejar. Sinto-me forte nas tarefas que desempenho ao lado de sua mãe, bem como nos afazeres ao lado de Dobrynya. Se insistir em procurar-me, o melhor será eu desfrutar de minha liberdade e seguir por outro caminho. Tudo tem uma razão de ser. Os espíritos amigos dizem-me que há uma tarefa maior, iluminada por ideais edificantes. Penso que os sacrifícios com os quais nos deparamos hoje, acontecem por necessidade de aprendizagem, consequentes de enganos nossos em vidas anteriores.

— Espíritos! Sempre os espíritos! Não sei o que é certo ou errado, Malusha, se é nosso destino ou desatino. Só sei que o meu coração pede você. Meu casamento decorre de um dever, e o dever sem amor somente agrava a solidão. Chegará o momento no qual farei você uma soberana autêntica, porque mudanças ocorrerão neste principado para que você, com justiça, compartilhe-me a existência.

— Sviatoslav, posso afirmar seguramente que já vivemos em outros tempos. Em determinadas circunstâncias, recordo-me de certas passagens. Estes conhecimentos nos chegam à medida que a nossa capacidade de entender os nossos enganos do passado seja suficiente para não os repetir. Se quiser transformar-me em sua esposa, por força de uma lei criada por você de forma impositiva, é bem possível que as forças contrárias se movimentem nas sombras do palácio e exterminem a minha vida. Há de entender, a situação é delicada. É isso que deseja?

— Isso jamais acontecerá. Se alguém se a atrever atentar contra sua vida, a lâmina de minha espada o alcançará mesmo que se esconda no fim do mundo!

— Pois, então, Sviatoslav, por favor, eu lhe peço, vá, deixe-me seguir o meu caminho.

— Para você tudo parece fácil! Pois saiba que em minha vida há somente uma mulher a qual eu quero, e é exatamente por isso que estou aqui, tentando convencê-la de que eu não consigo manter-me afastado.

— Volte-se para o Deus único e verdadeiro, Sviatoslav, e confie na sabedoria Dele em nos proteger em nosso caminho. Devemos ser resignados e confiantes na Sua bondade e justiça, e compreender que sendo espíritos imortais em reabilitação, já vivemos outras vidas, nas quais, com certeza muito erramos, contrariando as leis divinas.

— Não a entendo... Sinto-me profundamente infeliz. Além do mais, aos olhos de meus soldados, o Deus dos cristãos é fraco, incapaz de impor-se.

— Eu sofro igualmente, Sviatoslav, amo você cada vez mais e procuro entender os seus motivos. Entretanto, as minhas experiências espirituais ensinam-me a encarar os acontecimentos da vida, mesmo os mais melindrosos, por um prisma diverso. Sinto que a minha tarefa é consolar e amparar os que passam pelo meu caminho.

— Por vezes, penso que vou enlouquecer...

— É preciso que vá agora, por favor.

Sviatoslav foi em direção à porta, Malusha abriu-a discreta e atenciosamente. Ele se deteve por um momento observando nela o brilho único de seus cabelos e sentindo o perfume natural e delicado de flores que deles se desprendia.

Parou junto à porta fitando-a de revés. Com delicadeza, ela tocou em seu rosto e beijou suavemente seus lábios. Em seguida, voltou para o leito.

Sviatoslav implorou:

— Amo-a tanto! Não me mande embora! Esposa oficial ou não, fidalga legítima ou camponesa. O que importa é que você é minha e será minha para sempre...

Ela abriu os braços e o recebeu, ansiando transformar em perenidade aquele intenso instante de existir...

***

Ao acordar pela manhã, Malusha ainda no leito experimentou emoções conflitantes.

Sviatoslav oferecera-lhe amor, ligação duradoura e estável. Desejava protegê-la, propondo que ela ficasse ao seu lado. Agora, porém, estava em dúvida. Cedendo aos seus carinhos havia feito o certo ou simplesmente cogitara de impulsos passionais?

Para sua surpresa, uma figura espiritual foi se formando. A princípio, a imagem era imprecisa, depois foi se delineando. Grande emoção a tomou, produzindo intensas lágrimas ao notar a figura de uma lindíssima jovem.

Trazia um bebê nos braços e dava a impressão de mais volitar do que caminhar, pois seus pés não tocavam o chão. A entidade parecia falar-lhe na intimidade de sua consciência:

— Por que chora, minha querida, quando deve alegrar-se? Um filho foi concebido e você deverá protegê-lo e prepará-lo para a vida. Essa criança deverá ser educada nos princípios cristãos. Deixe que os acontecimentos sigam seu curso e abrace seu compromisso, minha filha.

Malusha humilde e submissa, rogou:

— Por Deus, peço-lhe amparo para que minhas emoções não me desviem desse compromisso sagrado.

— Você terá nosso amparo. Somos muitos atuando para que a mensagem do Cristo seja disseminada entre os homens. Depositaremos em seus braços de mãe alguém que traz compromissos sagrados nesse propósito. Cuide para que ele seja convenientemente preparado, evitando desvios, porquanto ao retornar à carne, o espírito pode descuidar-se e tomar rumo diferente do que foi programado. Estaremos sempre por perto trazendo a você inspiração e ajuda.

Sempre emocionada, Malusha observou a figura angelical diluir-se, desaparecendo em meio a uma profusão de luzes.

***

Quando Malusha retomou seus afazeres, Olga vendo-a abatida providenciou para que o médico da família a atendesse.

A jovem sensibilizada agradeceu, e acabou narrando à sua senhora o que acontecera na noite anterior, sem, entretanto, revelar-lhe o sonho relacionado com a criança.

Seu anseio era manter aquela ligação com Sviatoslav, porém reconhecia que seria melhor afastar-se.

Compreendendo os conflitos de sua protegida e o quão complexa era a situação, Olga a convocou para acompanhá-la numa viagem diplomática a Constantinopla. Seria bom que se ausentasse por algum tempo.

Sviatoslav não concordou com a inesperada decisão de sua mãe. Perturbou-se, revoltou-se, considerando o empenho materno em afastá-lo da mulher amada.

Olga simplesmente passou às providências da viagem, ignorando a sua reação.

Em poucos dias, ambas partiram com cerca de duas centenas de pessoas, funcionários e comerciantes, sem contar a escolta militar. Viajaram pelo rio Dnieper, além das cataratas, atravessaram o Mar Negro, chegando às portas de Constantinopla onde Olga seria recebida pelo imperador.

A viagem transcorreu sem incidentes.

***

Logo à chegada, Olga compareceu diante do imperador, mantendo o séquito feminino ao seu lado. Os homens vinham na retaguarda.

O impacto foi forte, causando-lhe admiração.

Banquetes e festividades aconteceram em homenagem à Olga. O imperador de Bizâncio, Constantino VII, mostrou-se profundamente impressionado com a beleza da princesa de Kiev e com sua capacidade intelectual.

Disse-lhe que ela era digna de reinar com ele, revelando que a desejava como esposa.

Olga respondeu que não seria possível, porquanto era pagã, mas que gostaria de ser batizada e tê-lo por padrinho.

O imperador concordou, ministrando-lhe ensinamentos sobre as orações e o jejum; a esmola e a castidade.

No dia aprazado, ao terminar o batismo, Constantino pretendeu confirmar uma aliança de casamento com Olga, que diplomaticamente recusou, com a justificativa de que o padrinho não poderia casar-se com a afilhada.

Constrangido, ele desistiu de seu intento.

***

Malusha continuava indisposta, foi envolvida em um novo torpor que lhe pareceu efeito das ervas para o estômago.

Sonhos agitados, todos eles relacionados à figura de um bebê, povoaram sua noite. Ergueu-se do leito desejando um banho revigorante...

Uma certeza delineou-se com nitidez em sua mente... A *indisposição* tinha nome próprio... Estava grávida! Um filho de Sviatoslav!

Emocionada, guardou sigilo, nada comentando com ninguém sobre o aviso que tivera em sonho.

***

Após cumprir a agenda oficial, os visitantes retornaram a Kiev. A conversão de Olga foi algo ousado, pois ela agora oficialmente participava de uma minoria religiosa.

Durante o retorno, Malusha refletindo sobre a sua situação e as possíveis consequências, decidiu que o melhor para todos seria afastar-se.

Ao decidir pela partida, deixaria não apenas a estabilidade, mas principalmente, os laços afetivos que a ligavam às pessoas com as quais convivia e entre eles seu amado e seu irmão.

Em Dobrynya sempre encontrara segurança e proteção. Ele era para ela um verdadeiro pai, atencioso e gentil.

E havia Olga, a benfeitora que a educara como a uma filha.

Para evitar as intrigas palacianas, a injúria dos conselheiros, e a possível perseguição das autoridades por carregar no ventre um filho do príncipe, partiu discretamente, deixando uma mensagem para Olga, na qual explicava que seria a melhor alternativa para todos.

A viagem de Olga a Bizâncio e o seu batismo não tiveram o resultado almejado, pois sua conversão ao cristianismo não fez predominar no principado de Kiev a religião do Cristo, o que somente aconteceria mais tarde.

Capítulo 4

Malusha pôs-se a caminho cedo sob o frio da manhã.

Os benfeitores espirituais organizaram-se para acompanhá-la.

Após longo tempo de caminhada, cansada e enfraquecida, parou junto a um largo portão.

Flores de vasto jardim faziam da paisagem um fragmento do céu. A casa bem antiga dava a ideia de uma hospedaria.

Uma senhora de aparência idosa veio atendê-la, surpreendendo-se.

— Meu Deus! Malusha! Que estado deplorável! O que houve, minha filha?

Abraçou-a transbordando de alegria, como se recebesse uma filha muito querida.

Após serem providenciadas as acomodações para a visitante, conversaram.

Confiante, Malusha contou seu drama, falando à senhora que estava grávida e pedia-lhe segredo de seu estado.

— Malusha, fique aqui e terá o meu amparo, por quanto tempo necessitar. Será motivo de enorme alegria a mim, pois, poderei retribuir o auxílio que deu ao meu filho. Ele está curado e cheio de vida.

— Aceito e agradeço-lhe a generosidade.

Compadecida, a senhora trouxe um caldo, pão e frutas para levantar-lhe as forças. Após a refeição, conversaram ainda durante algum tempo.

Depois, deitada em um leito de rústicos panos, porém alvos, a jovem revolvia-se, sem conciliar o sono. A figura do seu amado não a deixava.

Orou, tentou desviar o pensamento. Deveria esquecê-lo a todo custo. As recordações apareciam vivas, sofridas, repletas de anseios. Como acontece e acontecerá sempre, a razão determina, porém, o coração não tem disposição para obedecê-la.

Ao acordar e abrir os olhos estranhou o ambiente em torno.

As lembranças dos últimos acontecimentos voltaram. A realidade da gravidez impunha-se e o importante era manter segredo.

***

Os meses passaram céleres.

Desde a fuga de Malusha, Sviatoslav mudou por completo. Fechou-se. Ficou arrasado.

Negava-se a atender os familiares, fitava o vácuo apático, contemplava as chamas da lareira por horas...

Teria Malusha fugido com alguém?

Aproveitando-se da situação, obsessores desencarnados o envolviam. Insuflavam nele a discórdia, a disposição para aventuras guerreiras. Faziam brotar em sua mente pensamentos desajustados com objetivos perversos e destrutivos.

A imagem de Malusha surgia, não com o encantamento de seus gestos ou a pureza com que sempre a via, mas com nuances de hipocrisia. Imaginava-a nos braços de outro, em cenas que o martirizavam profundamente.

Não desistiria! Haveria de encontrá-la!

Seu amor-próprio fora cruelmente ferido. Certamente, ela nunca o amara. Simplesmente o conquistara e o escravizara para abandoná-lo em seguida, como um brinquedo do qual se cansara.

O pior era que, apesar de todos os esforços, ele não conseguia arrancar do coração o amor por Malusha. Às vezes, sentia-se enlouquecer de desespero.

Reunia seus homens, discutiam o que fazer. Grupos partiam em todas as direções, buscas incessantes, todavia pouco se concluiu a respeito de Malusha. Sumira sem deixar vestígio.

Os aldeões eram de paz e gostavam de sua amada, mas e se caísse nas mãos de estrangeiros?

Temia por algo ruim. Teria ela a noção do perigo ao se aventurar sozinha por outras terras? Por que fugira de sua proteção?

Os dias corriam e a saudade impertinente o acompanhava.

***

Preceptores competentes, destacando-se Dobrynya, foram responsáveis pela educação de Sviatoslav, preparando-o para o exercício do poder. Apesar da pouca idade, revelara-se um comandante impetuoso e competente à frente de seus soldados. Não obstante, por este tempo estava mais interessado em encontrar sua amada.

Mantinha-se isolado. Pensava nos momentos vividos intensamente com sua amada. Por fim, o desaparecimento dela sem deixar vestígio. Por quê? O que fizera de errado? Qual a responsabilidade de sua mãe em tal episódio? Sentia-se traído! Indelével mágoa o importunava. Procurara Dobrynya várias vezes, mas ele igualmente desconhecia o paradeiro da irmã.

Foi um período conturbado. Inimigos espirituais aproveitavam-se de sua perturbação, influenciando-o para que se distanciasse de sua mãe, refutando as ideias e ideais que a inspiravam.

O tempo se passava e Sviatoslav prosseguia em sua ânsia de encontrar Malusha, aventurando-se em longas jornadas.

Enfrentando os rigores do inverno, frequentemente improvisavam pequenas fogueiras para proteger-se dos animais noturnos e do frio. Consumiam bebidas alcoólicas, até em excesso para se sentirem aquecidos.

Ele e seus homens limitavam-se a comer pão, carne e queijo. Passavam bom tempo sem alimentar-se adequadamente.

Corriam os dias, reduziam-se as esperanças.

***

Frustrado em seus anseios amorosos, Sviatoslav voltou-se para o instinto guerreiro. Passava boa parte do tempo liderando campanhas militares, quase sempre vitoriosas.

Apesar das contínuas súplicas de sua mãe, ele não só recusou deixar-se batizar, como se manteve distanciado dela.

Durante este tempo, Malusha permaneceu na vila vizinha, sempre sob os cuidados da senhora amiga.

Com a gestação já adiantada resolveu retornar antes que viesse o inverno e que as estradas ficassem intransitáveis, a fim de confiar-se aos cuidados de seu irmão.

Instalou-se em uma humilde residência, mantendo o anonimato.

Dobrynya foi convocado a manter sigilo.

***

Milly preocupava-se com a sensação de que algo grave teria ocorrido a Malusha. Sabia que o assunto deixava Sviatoslav nervoso. Não obstante, resolveu falar-lhe:

— Por que o rancor, Sviatoslav? Sente-se traído por Malusha? Bem se vê que não a conhece! E se algo grave a motivou? Não pensa nisso?

— Você sabe de algo, Milly?

— Não. Quando fiquei grávida, conversamos longamente. Ela abriu o coração, confidenciando seu amor por você. Desejava afastar-se, pois a sua presença desperta nela sentimentos e sensações que não consegue superar.

— E daí? Precisava fugir?

— Pedi que não nos deixasse. Considero Malusha uma irmã, e esteja certo de que foi dela a decisão de afastar-se. Em nada a influenciei. Ela sentia-se mal com essa situação.

— Sinto-me sufocar, não durmo, não consigo colocar a razão à frente de tudo, como sempre fiz! Aonde pretende chegar, Milly?

— Vamos aceitar o irremediável. Quem somos nós para alterar a ordem natural das coisas? De minha parte, empenho-me em acalmá-lo e cultivar uma amizade que você insiste em não aceitar.

— O que quer que façamos?

— Recorde-se que assim como você, igualmente trago em meu peito uma chaga íntima. Anterior a nossa união, em minha inocência, alimentei sonhos com outro, conservei esperanças, que não passaram de ilusões. Eu revoltei-me contra a arbitrária imposição, contudo nada pude fazer. Agora é diferente! Nada espero para mim, mas seu filho necessita de atenção e carinho paterno. Quando você regressa ao nosso lar, após suas longas ausências, procuro falar-lhe de nosso filho, porém vejo que não se interessa e, sinceramente, sinto que até se aborrece...

— Reconheço que estou por demais enovelado em meus problemas sem reparar no que se passa à minha volta.

— Não permita que abismos intransponíveis se instalem entre nós, trancado em seu próprio íntimo.

Milly quase se arrependeu de sua ousadia. Aguardou receosa uma resposta rude. No entanto, surpreendentemente, após longo silêncio, ele desculpou-se:

— Sinto muito, Milly. Vou buscar fazer de nossa convivência familiar algo melhor para todos nós.

A partir daquele dia o clima entre eles ficou de fato melhor, com o empenho dele em acertar.

Sviatoslav viajava continuamente e Milly dedicava toda a sua ternura ao filho, empenhando suas horas igualmente nas tarefas palacianas.

***

Olga Prekrasna frequentemente conversava com Dobrynya sobre os problemas familiares. Ele transmitia-lhe segurança e serenidade.

Inúmeras vezes, tentou saber alguma informação sobre Malusha. Entretanto, Dobrynya somente soubera o que aconteceu quando a irmã, em final de gestação, viera pedir sua proteção, guardando silêncio, conforme ela lhe pedira.

***

Ao entardecer, os dois irmãos costumavam reunir-se, em longas conversas sobre os problemas existenciais e os desafios a enfrentar.

Liam os tratados de ocultismo, sobretudo sobre o corpo astral, pergaminhos que continham anotações sábias de antigos filósofos e mestres de doutrinas secretas.

Estudavam os princípios que regem as relações entre a dimensão material e a espiritual, buscando entender os fenômenos que ocorriam com Malusha.

Chegou o momento em que ela sentiu dores intensas no ventre. Entrara em trabalho de parto e uma parteira discreta e de confiança foi convocada por Dobrynya para ajudar.

Houve problemas. Durante horas, ela gemeu, fronte molhada de suor. A criança não dava sinais de que iria nascer. Malusha parecia não ter mais forças. Seus gemidos tornavam-se fracos e espaçados. As duas vidas se esvaiam. Dobrynya permanecia à cabeceira da cama, estimulando-a a reagir:

— Coragem, minha irmã! Faça força e confie! Seu filho vai nascer!

— Há algo errado e você sabe disso. Temo que eu não aguente e se assim for, prometa-me: não entregará meu filho a ninguém, guardando-o sob seus cuidados e educando-o como fez comigo.

— Você sabe o que eu penso a respeito. Entendo que deveria contar a verdade à família. Mais cedo ou mais tarde, o fato será descoberto, Malusha. E com consequências...

— Prometa-me, Dobrynya, imploro-lhe!

— Fique calma, não é hora, concentre-se!

— Prometa-me, meu irmão...

— Está bem. Prometo!

Dobrynya receoso almejou chamar Olga Prekrasna, porquanto seria justo dividir a responsabilidade com a avó da criança. Malusha o impediu. Enquanto buscava ajudar a irmã, Dobrynya não conseguia evitar cenas dolorosas que vinham à sua mente.

Recordava-se da beleza estonteante de Olga Prekrasna por quem se apaixonara na juventude, sendo plenamente correspondido. Houve uma gravidez e a criança morrera no parto.

Malusha sabia de tudo. Olga Prekrasna confidenciara-lhe o relacionamento com Dobrynya. Pela mente dele desfilavam momentos especiais daquele amor que vencera o tempo, amadurecendo longe dos arroubos juvenis.

Agora se repetia a história com Malusha.

Ele despertou de seus devaneios ouvindo o choro de uma criança que cortava a madrugada fria. Era um menino! Seu coração animou-se. Com a graça de Deus a história seria diferente!

A criança gritava dando vazão a seus reflexos, atendendo às exigências da vida.

Malusha desfaleceu exausta.

Guiada por repentina luz, sentiu-se transportada para uma região desconhecida. Emocionada, reviu sua mãe, que a abraçou ternamente indagando-lhe:

— Por que chora, filha, quando há tantos motivos de júbilo? Acolha a oportunidade! Essa experiência será extremamente proveitosa.

— Não desejo confiar meu filho a Sviatoslav, mamãe, embora saiba do afeto dele para comigo e que sendo ele o pai, esta seria minha obrigação. Tenho receio, não dele, porém de outros que, visando aos interesses próprios, não hesitariam em descartar sumariamente crianças nascidas de relações ilegítimas, vendidas ou entregues à própria sorte. Meu filho será visto como um bastardo!

— Ele a ama! Há muito deseja um filho seu!

— Tenho dificuldade de entender o que está acontecendo! Por que um filho agora?

— Há de entender algo maior. Em situações assim, o segredo da felicidade humana reside na habilidade de renunciar. Aquele que sabe renunciar em favor de um bem maior, viverá em paz, pois sustentado em ideais superiores, compreenderá, confiará e fará prevalecer a vontade de Deus. Antes do berço, você traçou esse roteiro, minha filha.

— O que devo fazer?

— Há uma missão embasada em normas cristãs para este núcleo, sob a direção dos mestres invisíveis. A sementeira do Reino de Deus, como observamos na história e na biografia dos heróis da fé, é feita com muito trabalho e sacrifício. No entanto, esses custos são revertidos em valores que se agregam ao espírito daqueles que cumprem seus compromissos. Você e os que lhe estão próximos deverão meditar, orar e trabalhar, obedecendo aos ditames da lei divina. Assim compreenderão que o segredo da felicidade imortal reside em nosso empenho nos testemunhos do amor, da renúncia e do trabalho.

— Sinto-me sem forças e desamparada, minha mãe. É como se houvesse um vazio que não dou conta de preencher.

— Somos imperfeitos, sujeitos a vacilações, todavia, se persistir conseguirá. Sua consciência ditará o que fazer. Apoie-se na esperança e na fé. Ame sempre sem condições e sem esperar recompensas.

Ao acordar, Malusha apresentava um aspecto sereno e doce. Embora não recordasse plenamente o episódio vivenciado, sentia que tivera um abençoado encontro com sua mãe a renovar-lhe as forças.

Emocionada, tomou o filho nos braços e o acomodou, aconchegando enternecida o pequeno ao calor de seu peito.

Dobrynya estava ao seu lado.

— Então, minha querida, como está?

— Estou bem. Parece-me que novamente deixei meu corpo, passei a flutuar, observando como tudo acontecia, Dobrynya. Vi a mim mesma, como num espelho, tentei falar-lhe, porém você não me entendia. Observei quando você assustado começou a orar, dizendo que estava me perdendo e que a criança não ia sobreviver... Surpresa vi-me diante de algumas pessoas e com elas a nossa mãe a orientar-me. Era tudo maravilhoso! Senti uma paz indescritível! Mamãe alertou-me do compromisso que tenho com meu filho.

Dobrynya estava aliviado.

— Pensei tê-la perdido, Malusha. O importante é que conseguiu, está aqui e poderá zelar por seu menino. Todavia, devemos contar a verdade a Sviatoslav, minha querida. Ele está desesperado por alguma notícia.

— Dobrynya, por enquanto a única certeza é a de que devo agradecer pela bênção deste espírito que me foi confiado. Tenho responsabilidades com ele. Não desejo correr o risco de perdê-lo...

— Escolheu o nome?

— Será Vladimir, que tem nas suas letras a destinação de ser o *senhor da paz*.

Alguns dias depois, já restabelecida, Malusha permitiu a Dobrynya que trouxesse Olga até ela. Por ironia do destino, ali, em uma choupana simples, ela encontrava seu neto.

A jovem contou-lhe toda a verdade, implorando que jamais revelasse a existência de seu filho a ninguém. Olga ficou admirada com a determinação da protegida e prometeu guardar silêncio. Também se colocou à disposição da jovem para ajudá-la em uma eventual necessidade.

Malusha tinha consciência de que contrariava a orientação de Dobrynya. Aquela decisão impunha-lhe a sensação de que estava fazendo algo errado. Contudo, falava mais alto o temor de que lhe tirassem seu filho.

Olga acalentou comovida o neto. Falou em tom maternal e sem denotar insistência que Sviatoslav ficaria feliz ao saber da existência de um filho, fruto do amor que ela sabia existir entre ambos. Certamente, ele proporcionaria a Vladimir amparo e carinho.

Entretanto, Malusha reiterou seu pedido.

Conforme o prometido, Olga silenciou.

Procurou cercá-los do maior conforto possível, levando-lhes comida, agasalhos, alguns móveis e brinquedos.

A primavera prosseguia exaltando a beleza da vida.

A estação transcorreu sob as bênçãos de Deus, em tempo de calmaria para nossos personagens, exceto para Sviatoslav, sempre acabrunhado, acalentando a esperança de reencontrar sua amada.

Capítulo 5

Alguns anos se passaram.

Por efeito da chuva mansa, as folhas molhadas luziam à fraca luz do sol que declinava. A relva rescendia florais, anunciando a nova estação. O perfume das cerejeiras silvestres espalhava-se. O cenário do rigoroso inverno dava lugar à primavera, cobrindo de flores os campos sem gelo.

Sviatoslav ocupava-se dos assuntos militares ausentando-se cada vez mais do lar. Nos últimos tempos, sua forma de agir tinha piorado consideravelmente.

Sua insatisfação fazia-se notar. Não se interessava pela mulher, nem pelo filho. A imagem de Malusha não o abandonava, imaginando-a nos braços de outro, em cenas de amor que o martirizavam profundamente. Parecia prestes a enlouquecer.

Na dimensão espiritual, representantes de vasta falange do mal, vibravam com seu comportamento, com o fato de estar afastado de sua mãe.

E infiltravam-se em seus pensamentos:

— Olga é a verdadeira culpada! Jogou sua amada nos braços de outro! Não deve confiar em nenhuma das duas...

Pesadas vibrações o contaminavam, desajustando-o fisicamente e provocando-lhe impertinentes dores de cabeça.

Não obstante, o ciúme que se insinuava no seu íntimo e o aguilhão da dúvida não conseguiam superar a saudade da amada.

A cada dia tornava-se mais arredio ao convívio social. Desagradável torpor o perseguia.

Em Milly a tristeza desaparecera substituída pelo regozijo da dedicação materna. As relações com o esposo permaneciam amistosas, apesar de frias. Cada qual vivia sua própria vida.

Quanto à Malusha, as coisas pouco haviam mudado. Desdobrava-se nos cuidados ao filho, nos afazeres domésticos, nos ensinamentos de Dobrynya e no cultivo e preparo das ervas medicamentosas. O irmão, embora mergulhado nos tratados de ciências espirituais e curas, estava sempre por perto.

Ambos ampliavam o atendimento de sofredores do corpo e da alma. Visitavam lares, levavam mantimentos e roupas necessários às mães que tinham poucos recursos para alimentar e vestir seus filhos. Era sempre recebida com carinho e reconhecimento. Depois dos atendimentos, recitavam ou cantavam os seus versos, reproduzindo trechos importantes do Sermão da Montanha.

O pequeno Vladimir crescia saudável e cheio de vigor.

Era uma criança encantadora, surpreendentemente forte para sua idade, cabelos sedosos e loiros. Malusha via diante de si o retrato vivo de Sviatoslav reproduzido no olhar, bem como em cada movimento do menino. Ao observar aquela semelhança, lembranças felizes repercutiam em seus pensamentos, recordando os momentos em que estiveram juntos.

Olga frequentemente aparecia, apoiando-a nos cuidados com o neto. Percebia o quanto o garoto tinha das características do pai, como o tom claro da pele e dos cabelos e o modo como denotava inteligência no olhar.

Aquele rosto inocente era como um sol clareando seu caminho. Cuidava dele com carinho e solicitude. Ela sentia que o destino lhe confiara alguém especial, como se estivesse ele comprometido com alguma realização.

Certa feita, Malusha, sempre preocupada em se manter discreta, retornava do riacho onde fora buscar água, aproximando-se da moradia cercada de frondosas árvores.

Ao entrar, percebeu que Vladimir estava febril. O suor era abundante no menino, que se mostrava agitado. Aconchegou-o em seus braços e disparou pelos campos rumo ao chalé de Dobrynya em busca de socorro. O irmão imediatamente providenciou o tratamento à base de ervas.

Passaram-se algumas horas sem que o menino reagisse.

Dobrynya, reticente, sugeriu:

— Malusha, não desejo ser pessimista, todavia a situação é delicada. Vladimir não está reagindo aos nossos medicamentos. Não temos como contar com Olga que está enferma. Pelos sintomas, acredito que ela está com o mesmo mal. É preciso solicitar o apoio de Sviatoslav. Necessitamos de outros recursos.

Apreensivo, acentuou:

— Se me permitir, amanhã logo pela manhã, eu vou ao palácio e solicito a medicação trazida de Constantinopla para Olga.

— Está bem, Dobrynya.

— Talvez seja o momento de contar a verdade a Sviatoslav...

— Não, por favor, não!

Após prometer que não contaria nada sobre o menino, Dobrynya esperou pelo amanhecer e dirigiu-se ao palácio, sede do principado. Foi recebido por Sviatoslav, que imediatamente forneceu a medicação solicitada.

À tarde, Sviatoslav foi até o lar de Dobrynya a fim de saber da criança. Tão logo ouviu o ruído de cavalos aproximando-se, Malusha correu a esconder-se. Quando o visitante entrou no chalé, o coração dela bateu acelerado.

O recém-chegado teve forte intuição sobre algo que pairava no ar. A curiosidade o invadiu sobre o menino aos cuidados de Dobrynya, que o recebia com alegria em seu lar humilde.

— Meus cumprimentos, Dobrynya. Vim saber notícias de seu paciente.

Malusha, oculta no outro cômodo, o observava por uma fresta.

Em pé, formalmente vestido em impecável traje claro, chamava a atenção pela imponência. A passagem que dava ao cômodo em que estava Malusha tinha um tipo de tecido rústico sobre o vão aberto, porquanto não havia porta.

Sviatoslav enternecido olhava a criança, redobrando a emoção de Malusha. Respondendo ao cumprimento, Dobrynya expressou-se:

— Seja bem-vindo ao nosso pobre lar, alteza!

— Tão modesta sua residência e, no entanto, trago as melhores recordações deste aprazível lugar. Foram aqui as mais preciosas aulas, as mais encantadoras lições de vida. Recordo você ministrando as aulas com paciência, meus olhos buscando os de Malusha. Tão perto, guardando tão respeitosa distância. Momentos valiosos... E depois, ao expor os sentimentos guardados tive a jubilosa certeza de que ela também me amava. Entregamo-nos ao sentimento puro, mas, desgraçadamente, tudo findou rápido...

O soberano exalou um profundo suspiro, o ouvinte manteve o silêncio por determinado tempo.

— Ah, Dobrynya! Tenho minhas dúvidas, meu amigo, se você de fato desconhece o paradeiro dela. E essas dúvidas, às vezes, corroem minha alma! Eu não o perdoaria!

— Eu nada tenho a dizer-lhe, Sviatoslav.

Buscando evitar o assunto que o sensibilizava, indagou:

— E este belo menino? Quem é ele?

— É filho de uma conhecida. Tenho imenso carinho por ele, como se fosse um filho. Estava à beira da morte, todavia graças ao auxílio divino e aos recursos que nos forneceu foi possível remediar a situação. Nosso menino reagiu, necessita agora de repouso. Vai ficar bom!

Sviatoslav aproximou-se da criança.

Seu coração batia descompassado, algo forte lhe inspirava o desejo de protegê-lo. Tocou em seu cabelo e Malusha, à distância, pôde ver quando Vladimir escancarou um sorriso, feliz com aquele contato.

— Que sorriso encantador deste rapazinho. Qual o seu nome?

— Vladimir.

— Se permitir, Dobrynya, posso hospedá-lo no palácio até que venha a se restabelecer por completo. Receberá tratamento especial, cercado de zelo e atenção. Quem é sua mãe?

— É uma boa serva do povoado, uma alma querida.

Tranquilize-se. Vladimir estará bem em nossas mãos. Se houver necessidade, voltarei a procurá-lo.

Sviatoslav despediu-se do garoto.

— Estou certo do quanto você há de crescer, ficará forte a fim de ser um bom combatente nas campanhas. Passar bem, Vladimir.

— Passar bem, senhor.

— Bem, Dobrynya, preciso ir, já que o menino está bem e de nada precisam. Amanhã retornarei. Quero vê-lo correndo e brincando. Enviarei mantimentos.

Antes de sair, abraçou Dobrynya emocionado. Pareceu-lhe que naquela humilde cabana encontrava sempre um tesouro. Gostaria de dizer ao antigo tutor tudo o que havia guardado no coração durante todos aqueles anos, todavia não se atreveu.

— Grato pela visita, excelência.

O tratamento surtiu efeito.

Em poucos dias o menino sarou.

Capítulo 6

O principado de Kiev mudara sensivelmente desde que Olga Prekrasna assumira o governo.

Em suas ações havia inovações e ousadia. Saía-se bem, era respeitada e admirada. Crescia o poder de sua dinastia.

Anteriormente, os senhores das terras tinham plenos poderes sobre seus governados e até sobre suas vidas. Quase sempre os camponeses eram maltratados e discriminados. Coexistiam em regime de escravidão, pois não tinham escolha além de trabalhar em troca de alimentação e moradia em cabanas precárias. No tempo frio precisam implorar lenha e agasalhos, e jamais os seus filhos tinham acesso à educação. Ainda que conseguissem obter algo parecido com a posse de um pedaço de terra, nunca se livraram das imposições do regime vigente na época.

Olga Prekrasna, porém, ao contrário da tradição escravagista que perdurou por séculos naquelas terras, interessava-se pelo bem-estar daquelas populações, considerando legítimas suas aspirações por qualidade de vida. Empenhava-se em sustentar um clima de paz, sem restrições à liberdade individual, conforme a orientação do Evangelho, favorecendo a conquista de riquezas materiais, culturais e morais para todo o território. Sabiamente, governava com determinação, mas sem descuidar da bondade.

Dobrynya era visto como um líder não só pela força de sua palavra bem como por suas atitudes. A população, sabendo da sua identidade de pensamento com Olga, fazia dele um portador de suas demandas por melhores condições de vida e trabalho, com a esperança de um futuro próspero e feliz. Foi iniciada a construção de uma escola para atender os filhos dos camponeses que quisessem estudar, o que até então era algo impensável.

Vladimir afeiçoara-se a Olga, sem saber que aquela senhora carinhosa que o visitava era sua avó. Ela sentia imensa ternura por aquele neto que cada vez mais se tornava o retrato vivo do pai.

***

A manhã despontava. A brisa matinal soprava sobre o manto branco dos campos cobertos de orvalho; e a bruma, como véu misterioso, ora mostrava, ora ocultava vegetações e colinas, sugerindo um palco para a imaginação.

Olga aguardava em seu aposento.

Era a primeira vez que seu neto entrava no palácio.

A nobre matrona vinha lutando com insidiosa moléstia e pressentindo o quanto sua morte estava próxima, requisitou a presença de Dobrynya e do neto.

Ambos, visando à discrição, entraram no palácio por uma entrada lateral. Acompanhados de um serviçal, seguiram por um corredor até os aposentos da princesa. O garoto maravilhou-se com a suntuosidade do ambiente. Jamais vira tamanho luxo.

Junto com Dobrynya aproximou-se do leito da enferma. Emocionado, beijou o rosto pálido da avó.

— Ah! Meus queridos, graças a Deus chegaram a tempo. Você está lindo, Vladimir!

O menino sorriu envergonhado.

— Mamãe disse que a senhora está doente, mas que ao melhorar irá nos visitar!

Olga o abraçou, maternalmente.

— Meu querido, sua mãe tem razão, porém creio que em breve irei morar num outro lugar. Devo pedir-lhe, Vladimir, cuide dela como um bom menino.

— A senhora vai se mudar? Mamãe ficará triste...

— Diga à sua mãe que estarei presente em espírito. E que o prepare para ser o meu herdeiro. Ela entenderá o recado. Eu amo vocês.

— Nós também a amamos, senhora Olga. Não entendi... Seu herdeiro?

— Futuramente, você entenderá. Por agora, Vladimir, considere que os ensinamentos de Jesus norteiam as relações sociais e abrem caminho para a felicidade na vida presente e na vida futura.

Apontando um divã à distância, Olga completou:

— Sente-se, e deixe-me falar com seu tio.

O ancião aproximou-se.

— Dobrynya, diga à Malusha que o tempo é o elixir miraculoso que acalma todas as inquietações. Tenho esperanças em Vladimir, contudo o menino precisa estar consciente de que a força capaz de unificar este principado é o cristianismo.

Sei o quanto você empenha-se em evangelizar as classes pobres. Porém, concentre-se, sobretudo, em meu neto.

— Cumprirei suas recomendações, Olga, e saiba que nossas almas estarão sempre unidas. Busque agora o repouso e deixe que Deus, nosso Pai de amor, manifeste sua vontade na destinação de nossas vidas.

— Que seja assim, querido companheiro e amigo de muitas e muitas eras. Saiba o quanto fui feliz por tê-lo por perto. Peço ainda, por favor, Dobrynya, que conte os detalhes de toda a nossa história à Malusha. Fale de nosso amor e também da criança que eu perdi, bem como da renúncia a que fomos forçados.

Pouco depois Dobrynya, de olhos úmidos, deixava os aposentos em companhia de Vladimir.

***

Na madrugada do dia seguinte, a enferma piorou.

Sviatoslav veio vê-la. Percebeu que o fim se aproximava. Sentou-se à beira do leito, entre reverente e terno.

Olga abriu os olhos lentamente e sorriu debilmente.

— Filho, sinto que minha hora está chegando. De onde estiver, procurarei falar a você pela linguagem do sentimento, em favor da paz que aprendi a valorizar. Tenha cuidado, meu querido, com o empenho da expansão de nossos domínios.

— Ah, minha mãe... Minha mãe! A senhora tolheu-me a felicidade. Sou soberano de um principado, vivo em meio a uma multidão que me reverencia, contudo sinto-me sem amor e solitário. Dedicar-me à expansão de terras é o que me restou.

— Um dia você entenderá minhas razões, acima de nossos desejos. Busque a inspiração em Jesus, o mestre supremo. Sua mensagem é um hino à fraternidade em favor da paz entre os povos, que é o mais importante.

Olga sentia as forças esvaírem-se e algo a preocupava mais do que os negócios do governo.

— Perdoe-me se fiz algo que o magoou...

— A senhora silenciou sobre Malusha. Diga-me, o que houve em Constantinopla? Ela traiu-me? Fugiu com outro?

— Dou-lhe minha palavra de que isso não aconteceu, meu querido. Malusha seria incapaz de tal traição. Desanuvie a mente. Você saberá o que aconteceu no momento devido. O que mais almejo é vê-lo em paz.

— Pois eu seria o homem mais feliz deste mundo se ela retornasse para vivermos como todas as pessoas que se amam.

— Ouve, meu amor, perdoe-me. Não tive habilidade suficiente para livrá-lo de dilemas tão aflitivos, para convencê-lo a se consagrar à sementeira dos princípios cristãos.

A piedosa soberana aquietou-se, respiração ofegante, a anunciar que o fim estava chegando.

Algumas horas correram. Sviatoslav permanecia em vigília.

Como ocorre, não raro, com moribundos, as percepções de Olga pareciam dilatar-se. Via com os olhos da alma.

Com uma expressão de felicidade de quem encontra alguém muito querido, balbuciou:

— Oh! Meus pais! Meus amados...

No ambiente espiritualizado espalhava-se o sutil aroma de violetas e lírios do campo.

Seus dedos entrelaçados com os do filho afrouxaram-se.

Sviatoslav percebeu que já não havia pulsação. Sua mãe acabara de falecer.

A notícia espalhou-se célere.

Horas depois, o corpo estava exposto à visitação pública. Na grande sala do palácio a população dos arredores vinha homenagear a soberana amada por seus dotes de bondade.

Compareceram nobres, religiosos, criados e camponeses. Uma multidão aglomerava-se na moradia.

Sviatoslav pensava na visão de sua mãe, questionando-se:

— Será que a vida continua? Que os mortos vêm nos buscar?

Coração opresso, sentindo mais do que nunca a ausência de Malusha, agradecia com ar distante e melancólico às condolências.

Capítulo 7

O tempo passou desde a morte de Olga, sem nenhum fato marcante.

Sviatoslav dedicava agora menos tempo às campanhas militares devido à ampliação dos afazeres na administração do principado, antes repartidos com Olga. Entre os subordinados, havia Mikhail, que desfrutava irrestrita confiança de Sviatoslav, sempre convocado para missões delicadas.

Era um homem alto, de expressão franca e serena. Iniciando no posto mais simples de soldado, fizera brilhante carreira militar graças ao seu nobre caráter e extraordinária coragem.

Guardava um segredo: seu carinho por Milly, que amava apaixonadamente. Entretanto, conservava respeitosa distância, comportando-se com prudência e sobriedade.

Milly, por muito tempo, desconhecia que ele estivesse tão próximo, porquanto Mikhail evitava a intimidade do palácio, contentando-se em vê-la de longe.

Yaropolk, o inquieto primogênito de Milly, um rapazinho agora, tinha veneração por Mikhail que se tornara seu orientador, ajudando-o nos treinamentos de equitação e esgrima.

Embora sem levar jeito para as artes da guerra, o jovem fazia progressos.

Buscava desenvolver habilidades, ansioso pelo reconhecimento paterno. Almejava a afeição do pai, que via como um guerreiro incomparável, porém sempre distante.

***

Numa tarde, a nostalgia conduziu Sviatoslav à vila que lhe inspirava doces lembranças.

Um garoto, rosto bem desenhado, coroado por abundante cabeleira clara, olhos grandes, aproximou-se, pondo-se a observá-lo, olhos arregalados de assombro.

— Está admirado, rapaz? Não dê grande importância, são meras vestes oficiais!

— Um dia eu serei assim como o senhor! Empunharei uma espada, serei motivo de orgulho para o nosso povo!

Sviatoslav passou as mãos nos cabelos do menino e tocou-lhe o ombro. Sentiu-se próximo dele. Parecia conhecê-lo. Não percebeu que se tratava de Vladimir, que socorrera anos antes, quando providenciara medicamentos para curar a grave moléstia que o atingira. Não mais o vira desde então.

— Vejo que embora tão jovem, já tem planos para o futuro. Parabéns! Qual o seu nome?

— Vladimir, senhor.

— Pois bem, Vladimir, sou Sviatoslav! Prometo-lhe que se desejar, será um exímio soldado para engrossar as fileiras de nosso exército!

— Príncipe? Perdoe-me. Não sabia. Não teria me aproximado. Não trago título de nobreza, majestade.

— Não se preocupe. Quando estiver pronto terá a minha proteção. Gostaria de conhecer seu pai. Trata-se de algum aldeão?

— Não, senhor, infelizmente eu não o conheci. Meu pai morreu em batalha, antes mesmo de meu nascimento. Fui criado por minha mãe. Ela não gosta que eu brinque de guerreiro, nem que fale em batalhas. Não aprecia as guerras, nem os governantes. Diz que anseiam somente o poder e as riquezas, sem se importar com os inocentes que são trucidados; que deveriam trocar os campos de batalha pelas tarefas junto aos deserdados; que as pessoas acreditam que as guerras são castigos divinos, porém, na verdade, são loucuras cometidas pelos homens.

O príncipe lançou-lhe um olhar severo, dizendo irritado:

— Mulheres são tolas, não sabem de nada! Cuidemos de algo mais agradável, Vladimir. Assim que possível, se sua mãe permitir, faremos uma cavalgada e uma boa caçada. É uma promessa! Selaremos assim a nossa amizade!

Os olhos do menino brilhavam.

— Majestade, não sei o que dizer. Sou-lhe grato! Muito grato... Estou feliz... E quando será?

— Em breve. Necessitaremos da autorização materna. Você acha que sua mãe permitirá?

— Um pedido seu será uma ordem.

Neste instante, o olhar de Sviatoslav deteve-se na figura de uma mulher com os cabelos soltos a refletirem lindamente o sol. Seu coração acelerou, batendo forte, descompassado...

Era Malusha!

Caminhava à certa distância levando um cesto de vime em passadas que mais sugeriam uma graciosa dança. Ah! Como ele sonhara com aquele momento!

Interrompendo a conversa, indagou:

— Conhece aquela jovem, Vladimir?

— É minha mãe, majestade...

Sviatoslav sentiu-se tal como se o solo não mais existisse sob seus pés. Então fora isso! Fugira para unir-se a outro!

Tomou o braço do garoto e o conduziu ao encontro da mãe.

Frente a frente, emoção incontida os tomou.

Trêmulo, Sviatoslav contemplava a mulher que monopolizava seus pensamentos, seus sonhos mais felizes, seus pesadelos mais cruéis.

O tempo não alterara em nada sua beleza. Conservava a mesma pele, os lábios convidativos, o olhar determinado...

Jamais estivera tão bela, nem quando a viu pela primeira vez, a *feiticeira*, na caverna onde colhia ervas medicinais! Feiticeira que o aprisionou com seu encanto!

Por alguns instantes, os dois permaneceram em silêncio.

Malusha o saudou respeitosamente, olhos baixos, estremecendo quando ele gentilmente tomou-lhe as mãos, levando-as aos lábios.

— Meus sinceros cumprimentos, Malusha.

— Meus cumprimentos, alteza.

Sviatoslav disse a Vladimir que fosse se distrair pelas imediações, pois gostaria de pedir o consentimento para a cavalgada prometida. O menino afastou-se.

— Por onde andou por todo este tempo, Malusha? Pelo visto casou-se rapidamente. Tem até um filho e pela idade dele, aparentemente, não demorou em substituir-me! Por isso a fuga, sem deixar rastros... Como pôde fazer isso comigo?

Malusha, nervosa, não conseguia falar.

— Seja lá o que tenha acontecido não pretendo censurá-la. Quero a verdade a fim de libertar-me de dúvidas angustiantes. Apenas a verdade basta!

— Creio que será suficiente dizer que tive sérias razões para proceder dessa forma. Nada almejo senão pedir a Deus que eu possa viver em paz e encaminhar meu filho para que seja uma pessoa digna.

— E quanto a mim, quer saber se eu sou feliz? Ou se Milly é feliz? Pois bem! Não, não somos! Jamais poderia ter me unido a ela, pois é a você que amo!

Malusha tentava inutilmente represar as lágrimas. Chegavam fartamente aos olhos, traindo seus sentimentos.

— Sinto muito.

— Imagino o que houve. Amou a outro e não a mim...

— Isso jamais aconteceu.

— E este menino?

— Vladimir tem preenchido todos os meus vazios. É filho de uma amiga que morreu ao dar à luz. Cuido dele com carinho. Com muito amor pretendo contribuir para sua formação. Peço sigilo, pois ele não sabe sobre o nascimento. Crê que eu seja de fato sua mãe.

— Se não ama outro, por que se afastou de mim?

— Pelas mesmas razões de outrora, Sviatoslav, pela distância que há entre nós. Deseja a verdade? Passei noites inteiras sem dormir, pensando em você... Esse amor era minha tortura, e só consegui a paz quando compreendi que estava nos desígnios divinos que não nos uníssemos. Agora estou tranquila. Continuo a amá-lo, mas de forma diferente.

— Não houve um dia em que eu estivesse em paz. Procurei-a sem descanso por territórios distantes. Varei dias e noites ao relento. Agora chama o nosso amor de martírio?

— Sviatoslav, perdoe-me, não tenho nada a acrescentar. Deixe as coisas como estão, por favor.

— O problema é esse *dom,* não é? Você se envolve com vozes do além que nos separam... Eu odeio essas vozes!

— A separação não dói mais em você do que em mim. No entanto, não posso permitir que menospreze os dons que Deus me confiou, desde outras existências.

— Você fala de outras vidas tal qual minha mãe...

— Há muito nos conhecemos, desde o passado remoto, Sviatoslav.

— Se é assim, por que fugiu de mim? Não estamos ligados desde sempre, como você diz? Seu distanciamento é alguma punição? Pois, se assim for, creia, já fui excessivamente castigado! Restou-me somente a solidão amarga.

— Creia, Sviatoslav, o destino nos colocou próximos, porém está escrito que devemos viver separados, atendendo aos imperativos da tradição e dos costumes, em nosso país. Certamente há razões para isso, embora as desconheçamos.

— O que o seu dom pode fazer por nós? Facultar nossa união?

— Não o recebi para desfrutar de vantagens pessoais. Devo usá-lo para ajudar os necessitados do corpo ou da alma.

— Minha mãe traiu-me! Ela sabia do seu paradeiro, não é, Malusha?

— Não importa o que se deu, Sviatoslav. Todos me veriam como uma usurpadora. Seria hostilizada e eu mesma me condenaria. Sua mãe sabia disso e ajudou-me. Mire-se em seu exemplo. Ela, que poderia desfrutar de todos os prazeres palacianos, preferia dedicar-se ao amor a Deus na pessoa do próximo. Tornou-se a protetora dos enfermos, das crianças, dos idosos, cultuando o divino ideal de fraternidade. O maior sonho dela era vê-lo nesse caminho, Sviatoslav, convertendo-se ao cristianismo.

— Recuso-me a pensar como minha mãe. Sou um líder, um senhor da guerra. Tem ideia do montante das campanhas militares que abraçamos? O que os súditos diriam a meu respeito, vendo-me renunciar às conquistas para seguir os passos beneméritos de minha mãe? Aos olhos de um guerreiro, Jesus seria visto como um fraco. Um perdedor submetido ao poder da força vencedora que fez dele o que queria e o matou em morte ignominiosa.

— Desculpe-me, não quero confrontar suas ideias. Somente lembrar o quanto as conquistas materiais são efêmeras. Para governar homens em jornada neste mundo, líderes orientados pelo ideal cristão conseguem resultados superiores, promovendo a paz.

— Você não se orgulha de mim? Não percebe o quanto conquistamos? Contudo, não quero falar de lutas, de guerras, nem de outras pessoas, mas de nós mesmos, Malusha. Eu compreenderia e aceitaria toda esta desventura, se você tivesse me deixado por amar outro. Se diz que assim não foi, não posso aceitar que fique longe de mim.

— Por favor, Sviatoslav, não pensou que assim como você, também tive meus sonhos e o quanto igualmente fui feliz quando nos entregamos um ao outro? Que tudo o que fiz foi respeitar o seu compromisso selado com outra mulher e o seu principado?

Procurando descontrair, Sviatoslav mais sereno perguntou:

— E onde está morando? Fui muitas vezes à sua casa, mas está sempre vazia.

— Atualmente, moramos com Dobrynya, eu e Vladimir.

— Impossível! Nunca a vi por lá! Ele a escondia? Foi outro a apunhalar-me?

— Não, Sviatoslav! Retornamos recentemente. Imploro-lhe, respeite meu irmão que tão generosamente acolheu-me. Ele nada disse a você em respeito à minha vontade.

Vladimir retornava.

Malusha despediu-se e partiu, buscando conter as lágrimas.

Sviatoslav sentou-se em uma mureta e ali se deixou ficar pensativo, até que a noite fechasse o dia.

Capítulo 8

Sviatoslav não conseguira dormir.

Sentimentos e ideias perturbadoras brotavam em sua mente, favorecendo a ação de inimigos espirituais que o perseguiam. Não percebia que era um campo aberto à manipulação das sombras, e assimilava ideias negativas julgando conversar consigo mesmo:

— Fui traído por minha mãe! Malusha com certeza envolveu-se com outro homem. Todos sabiam! Fui o último a perceber... É traiçoeira! É falsa! E Dobrynya? Também ele! Todos desleais!

Sob a influência espiritual inferior, Sviatoslav adormeceu. Afastado do corpo, viu-se diante de um espírito que o envolveu em forte magnetismo, dizendo-lhe:

— Fui enviado para ajudá-lo. Não confie em ninguém. Desejam enfraquecê-lo. Terríveis gênios das trevas pretendem dominá-lo.

— De fato, eu não sei em quem confiar.

— Não acredite em ninguém se não deseja fazer papel de ridículo perante seus súditos. Todos devem curvar-se ao vosso brio e coragem! Malusha está a afrontá-lo. Tenha cuidado.

A entidade manipulava o soberano, plantando nele ideias absurdas, fazendo-o acreditar que existiam conspirações na corte, que o palácio seria invadido por inimigos externos e que os oficiais de seu exército desejavam enfraquecê-lo.

O experiente obsessor atingira seu objetivo, plantando em sua mente ideias infelizes, que lhe traziam desequilíbrio e sofrimento.

Dirigindo-se aos seus subordinados, comentou:

— Missão cumprida. Ao longo do dia as ideias plantadas ressoarão na mente dele como verdades absolutas. Estará sob nosso domínio.

***

Sviatoslav procurou Dobrynya no vilarejo.

— Eu já o aguardava, excelência. Está com a aparência de quem não passou bem durante a noite. Malusha falou-me do encontro de ontem.

— Chama-me pelo nome somente, Dobrynya. Por que a encobriu? Como pôde cometer tamanha deslealdade? Consegue atinar a gravidade dos delitos que cometeu? Você é um traidor. Ela também. Não confio em mais ninguém.

— Acalme-se, Sviatoslav, entenda as circunstâncias. Não tive a intenção de ofendê-lo, nem pretendi desrespeitar seus sentimentos. Suas suspeitas de traição por parte de minha irmã são infundadas.

— Você imagina a angústia que o desaparecimento dela me causou? Senti-me atraiçoado, ferido em minha honra. E você concordou com tal situação. Uma lástima!

— Lamento, Sviatoslav, sua angústia era a minha também. Quando ela desapareceu, eu desconhecia a razão que a levou a fugir. Por algum motivo, o qual somente ela poderá explicar, viu-se constrangida a agir daquela forma. Viveu dias atribulados. Ao regressar, encontrava-se gravemente enferma. Temi que não sobrevivesse. Tentei protegê-la, restituir-lhe a saúde, e foi só! Quando restabelecida, concordou em permanecer, desde que eu não revelasse sua presença.

— Apaixonou-se. Foi atrás de outro e se deu muito mal! Foi isso que aconteceu! Teve o quanto mereceu.

— Não diga isso.

— Explique-se!

— Isso só ela poderá fazer. Devo-lhe desculpas pelo meu procedimento. Sentia-me mal sendo seu confidente, porém não podia trair a confiança de minha irmã.

— A criança que auxiliei há alguns anos é esse rapazola de quem Malusha cuida?

Dobrynya limitou-se a confirmar com um movimento vagaroso da cabeça.

— E por que ela me traiu?

— O amor que ela tem por você é puro e verdadeiro, jamais o traiu. Algo maior a move. E saiba que ela pretende, em benefício de todos, partir novamente.

— O que a inspira? Os malditos dons? Não permitirei que se vá!

— Não amaldiçoe essa faculdade sublime, Sviatoslav. São abençoados recursos para ajudar os sofredores.

— Se é assim, seria sensato continuar aqui. Não deve submeter-se aos perigos que enfrenta uma mulher sozinha.

— Não a pressione, pois ela será bem capaz de desaparecer novamente sem deixar rastros.

— Isso nós vamos ver! Todavia, há outra dúvida que você poderá desfazer. Senti imensa afeição por esse menino. Há alguma chance de ser meu filho?

Dobrynya engoliu seco, desviando-se do olhar do príncipe.

— Bem... eu não sei, Sviatoslav. Ela diz ser filho de uma amiga que faleceu.

— Tem certeza?

— Melhor perguntar-lhe. Creio que ambos têm muito a conversar.

Sviatoslav despediu-se dominado por suas dúvidas.

***

Não longe dali, Malusha cuidava de seus afazeres, observando Vladimir que brincava com um toco de madeira, como se estivesse a empunhar uma espada.

Sua mente era um vulcão.

Até quando seria lícito sustentar aquela farsa? E se Sviatoslav não a perdoasse? E se lhe tomassem Vladimir?

Sentia-se perdida, sem saber que atitude tomar. Qualquer que fosse a escolha, traria consequências sérias. O menino era filho de um soberano, mas também de uma humilde serva. Que caminho seria melhor para ele?

Via o filho brincando tal qual um guerreiro.

Recordava-se das advertências de um benfeitor espiritual:

— São sucessivas as existências, são múltiplas as etapas que nos conduzem à perfeição. Nossas opções atuais são influenciadas por hábitos, escolhas e preferências trazidas de vidas passadas... Teria sido seu filho um soldado em vida anterior?

Talvez por isso Olga Prekrasna insistia que era preciso semear os ensinamentos do Cristo em seu coração. Como poderia isso ser feito se o entregasse a Sviatoslav? Além disso, não conseguia imaginar-se separada de Vladimir.

***

Jamais faltaria a proteção dos benfeitores espirituais.

Naquela noite Malusha foi levada, em desdobramento, ao encontro de Olga, que lhe falou ternamente:

— Malusha querida, meu filho tem escolhido o caminho mais difícil, contrário ao que procurei indicar-lhe. Há uma falange de espíritos explorando as tendências de Sviatoslav, buscando evitar que se converta ao cristianismo. Estão agora se voltando contra você. Será odiada e perseguida. Prepare o coração.

— Estou à disposição, senhora, pretendo ajudá-lo sempre, que Deus nos abençoe e proteja.

— Estaremos na retaguarda, porém não sem adverti-la quanto à necessidade de vigilância e oração.

Ao despertar, Malusha guardava a consciência de que estivera com Olga durante o sono, sentindo-se animada e em paz.

Pouco depois, acompanhava as brincadeiras do filho quando viu Sviatoslav a cavalgar lentamente em sua direção. Trazia o cenho carregado, dominado por suas dúvidas.

Ele desceu do cavalo e aproximou-se.

— Tenho algo a propor-lhe. Como você bem sabe, eu e Milly temos um acordo em mantermos o nosso casamento de fachada. Assim sendo, não há por quê eu e você não estarmos juntos.

— Esqueceu-se de considerar minha posição atual, Sviatoslav? Hoje a minha responsabilidade é maior, há uma criança em minhas mãos a ser encaminhada.

— Não há por quê preocupar-se, Malusha. Você e o menino estarão muito bem no palácio. Ele será tratado como um filho. Senti algo diferente por ele desde que o vi.

Em silêncio, Malusha tentava conter a emoção, evitando seu olhar.

— O que acha? Você é mãe e deveria querer o melhor para ele. Não tem nada a dizer? Talvez não me ame...

— Eu o amo, Sviatoslav, porém não pretendo reacender as chamas de tudo o que vivemos. Você está instalado num lar abençoado, ao lado de Milly, que merece todo o nosso respeito e carinho. Tenho buscado represar as ânsias de meu amor em respeito ao seu casamento. Você tem dois filhos que necessitam ainda de seu apoio. E eu tenho Vladimir, por quem tento fazer o melhor.

— Não! Está enganada, ainda poderemos ser felizes.

— Peço de coração que não insista, Sviatoslav.

— Então, o que a impede?

— Lamento, tenho obrigações. Refiro-me ao conhecimento e à prática das leis cristãs. Guardo a esperança de traçar algo diferente ao futuro deste menino, que amo verdadeiramente. Você deveria também conhecer melhor os ensinamentos do Nazareno e fazer o mesmo com Yaropolk e Oleg. Sinto a presença de influências espirituais, vibrando de maneira negativa, tentando desviar-nos. Preocupo-me com você, Sviatoslav.

— Refere-se à conversão? Ora! Eu não devo fazer papel de ridículo perante meus súditos e como já falei, principalmente perante meus comandados, nem permitirei que meus filhos o façam! Esse assunto não me interessa. Preciso que responda algo com toda a sinceridade deste mundo, Malusha. Há alguma possibilidade de Vladimir ser meu filho?

— De onde tirou essa ideia? Já disse! Uma amiga o concebeu e se fosse meu, pela idade, ele jamais poderia ser seu filho!

— Seria fácil ocultar a verdadeira idade de Vladimir. Vi algo de meus traços nele, Malusha. Se assim for, ele tem direitos! Não percebe? Será preparado para reger parte de nossos domínios. Você estará junto dele e o resto de nossos dias será perfeito.

— Pare de preocupar-se conosco.

— Não foi para deixá-la apreensiva que vim aqui. Bem sabe o quanto eu a considero importante em minha vida. Insisto! Quero protegê-la, zelar por vocês.

Vendo que ela permanecia calada e com isso demonstrando o seu posicionamento irredutível, Sviatoslav disse:

— Avise Dobrynya que o estarei aguardando no palácio. Quanto ao mais, guarde isso: não seguirei os passos de minha mãe, por mais que você a venere. Se não fosse por ela, tudo seria diferente em nossas vidas.

— Sua mãe firmou sua fé cristã durante a existência e é um anjo bom a guiar nossas vidas. Quanto ao futuro de seu principado, somente o cristianismo poderá fazer dele uma referência positiva na história. Reflita sobre isso! É o que as vozes dizem!

Sviatoslav não admitia que as vozes lhe dissessem o que fazer.

Irritado, montou o cavalo e partiu.

***

No dia imediato, Dobrynya foi ao palácio.

Foi recebido com apreço por Milly de quem era cuidador, médico e confidente:

— Sviatoslav está novamente em um ciclo de mau humor. Mantém-se calado, mais reservado que o habitual.

Quanto a mim, tenho algo confidencial e de caráter urgente a falar. Depois de tanto tempo, reencontrei Mikhail, o grande amor de minha vida.

Após breve pausa, prosseguiu cautelosa:

— A retidão de caráter e a lealdade dele ao soberano o fizeram conservar-se à distância, mesmo sabendo que o meu casamento era mera formalidade. No entanto, por circunstâncias fortuitas nos reencontramos e nos entregamos ao nosso amor. Oleg é filho de Mikhail. Tem sido difícil e tormentoso manter esse segredo.

Percebendo que Sviatoslav se aproximava, pediu licença e retirou-se. Ele saudou Dobrynya, indo diretamente ao assunto.

— Eu estou confuso, Dobrynya. Fiz uma proposta a Malusha com a melhor das intenções, porém ela se recusa a aceitar.

— Você sabe que ela o ama, mas talvez não julgue justo um arranjo assim.

— E há um detalhe que me aborrece. Ela insiste para que eu aceite as ideias de minha mãe sobre o cristianismo.

— Bem, meu amigo, o que sei é o que os fatos apontam a necessidade deste principado acolher em suas terras a mensagem do Cristo.

Por um bom tempo, Sviatoslav argumentou, deixando bem claro que suas intenções eram as melhores, todavia Dobrynya insistiu que não poderia decidir pela irmã.

***

Milly conduzia Yaropolk a um passeio na praça pública, onde se alinhavam tendas de especiarias quando, surpresa, viu Malusha ao lado de Vladimir. Abraçaram-se emocionadas.

— Há quanto tempo, meu Deus! Que surpresa boa! O que houve? Esse menino é seu? Casou-se? Foi por isso que nos deixou sem despedir-se?

Aproveitando que Vladimir estava afastado conversando com Yaropolk, Malusha esclareceu:

— Não me casei Milly e Vladimir é meu filho de criação, ternura de minha vida. A mãe morreu logo após o nascimento dele, no parto, e assumi a responsabilidade de cuidar dele. Ele pensa que eu seja de fato sua mãe e é assim que me sinto.

Milly a fitou demoradamente. Seu coração dizia que a amiga escondia algo. A história era estranha.

— Por que nos deixou daquela forma?

Malusha procurou desconversar:

— E esse lindo jovem, é seu?

— Sim, o primogênito! Lembra-se dele? E tenho outro...

Observando os dois garotos esquecidos de tudo, compenetrados na brincadeira, Milly comentou:

— Curioso como nossos filhos se deram bem! Os meus brigam o tempo todo. Deixe seu menino passar um dia no palácio para brincar com Yaropolk. Faço questão de que você o acompanhe!

— Não faltará oportunidade, Milly.

— É uma promessa?

— Sim.

— Nosso encontro foi providencial, precisamos falar longe das crianças. Sviatoslav tornou-se cada dia mais amargo.

— Sei... Veja que bênção os nossos filhos, Milly.

Olho para Vladimir e recordo as dificuldades do passado. Era tão frágil! Agora está prestes a voar, buscando seu destino.

— Sinto o mesmo. Nossos filhos são do mundo, não nos pertencem.

— Espero que não se transformem em escravos das convenções sociais.

— O que dizem suas vozes sobre nossas desventuras? Tudo poderia ter sido diferente, bem mais simples...

— Talvez essas escolhas tenham sido nossas, Milly, antes mesmo do nascimento. Quem sabe trazemos a necessidade de certas provações para que nos aproximemos de Deus? Receber benesses neste caso em vez de provações poderia ter estimulado o nosso egoísmo, distanciando-nos dos caminhos a serem trilhados, é o que as vozes dizem.

— Diga-me, onde está hospedada?

— Junto com Dobrynya.

— Aguardarei notícias. Se desejar, envie um mensageiro, que eu a encontrarei onde lhe for conveniente.

— Agradeço a sua generosidade de sempre, Milly.

Abraçaram-se e Malusha afastou-se com Vladimir.

Logo ao chegar ao palácio, Milly procurou Sviatoslav comunicando que havia encontrado Malusha.

Capítulo 9

Em plena madrugada, tudo era silêncio no palácio.

Afastado do corpo adormecido, guardando relativa lucidez, Sviatoslav viu, surpreso, sua mãe a contemplá-lo com ternura, como costumava fazer em sua infância.

Olga apresentava-se jovem e bela. Usava o seu traje preferido e um colar do qual nunca se separava.

— Mãe, é a senhora? — Perguntou emocionado.

— Sim, sou eu, meu filho. Estou viva, sem carne e osso, tanto quanto pode observar, pois a morte como fim do ser não existe. A centelha divina de que todos nós somos feitos é indestrutível, jamais morre. Eu preciso encontrar a paz e é para isto que estou aqui.

— A senhora fala em paz? Também a procuro. Não sei que rumo tomar... As lutas se acentuaram...

— Ah, meu querido, não desconheço a desventura por que passa e lamento por tudo. Porém, acima desse sofrimento, há propósitos maiores. Antes de escolher um caminho, peço-lhe que estude o Evangelho e os primórdios do cristianismo. Nesse empenho encontrei a resposta para nossas indagações existenciais, de onde viemos e o que fazemos na Terra.

— Qual é a chave de todo esse enigma, minha mãe?

— Somos espíritos em evolução, rumo a um destino glorioso. Voltamos à Terra quantas vezes forem necessárias em favor de nossa evolução. Estamos submetidos a leis sábias e justas que nos disciplinam e conduzem. Há projetos espirituais importantes, que se sobrepõem aos interesses materiais. É importante que nos conscientizemos de nossas responsabilidades, a fim de cumprir o que viemos fazer. Você tem uma missão sagrada, meu filho: introduzir o cristianismo em nosso país.

— E quanto a Malusha? Não faz parte de meu caminho? Não posso viver sem ela!

— Ambos são espíritos ligados por laços de amor profundo, desde tempos remotos, mas há compromissos maiores que devem merecer sua atenção, meu querido. Há muito trabalho a fazer em favor da edificação de nosso povo.

Emocionado, Sviatoslav viu a imagem de sua mãe ir desaparecendo até esvair-se por completo.

Momentos depois acordou, e recobrou plenamente a consciência do que acontecera. Teria mesmo sido visitado por sua mãe? O sonho fora tão real!

Tomou o desjejum e deixou o palácio, procurando por Malusha.

Foi informado por Dobrynya que ela saíra bem cedo para socorrer duas crianças doentes.

— E você a deixou ir só? — Perguntou irritado.

— Você a conhece, meu caro. Eu deveria acompanhá-la, mas saiu bem cedo, sem dizer-me nada.

***

Horas depois, quando Malusha retornava, ouviu ruídos de cavalos. Um grupo aproximava-se comandado por Sviatoslav.

Tão logo a viu, dispensou os soldados.

Desmontou e aproximou-se.

— Onde está o seu juízo, Malusha? Combinamos que não deveria andar sozinha!

— Não me afastei tanto. Atendi a algumas crianças.

— Há riscos, não percebe?

— Fui solicitada pelas vozes e sabia que me protegeriam.

— A mim só me irritam por sua insistência em falar delas! Não sei o que seria se eu a perdesse...

Malusha sorriu.

— Se eu for levada por Deus, estarei aguardando por você.

— Você se arrisca demais e brinca com coisas sérias!

— Perdoe-me! Já disse, foi por uma boa causa! Deus é amor, Sviatoslav, no dizer do apóstolo João, e não nos deixa órfãos. Trabalha em nós, esperando que aprendamos a usar para o bem os dons da vida.

— Você não compreende nada da vida, é ingênua demais. E se fosse atacada por salteadores? Não tem receio?

— Deus me protegeria.

— Trazendo nossa conversa de volta para tratar das coisas práticas, você sabe que poucas vezes fui dono de minha vontade. E a única alegria legítima, a energia do meu viver, era estar ao seu lado. Nem isso tenho mais! Nem uma carícia, uma palavra de ternura...

— Sviatoslav, há forte ameaça ao nosso redor. De um lado, percebo benfeitores espirituais tentando nos amparar e conduzir, e de outro, sinto a forte presença de adversários espirituais de grande inteligência, moral atrofiada, desejosos de aniquilar tudo o que se refere ao cristianismo.

— Quem lhe disse isso? As vozes? Disseram também o quanto a amo, mais do que a qualquer pessoa no mundo, Malusha?

— Não.

— Então desconfie delas. Não dizem a verdade.

— Há duas noites, quando já estava deitada, na hora da prece senti doce perfume no ambiente, parecendo estar em localidade diversa, de sutil beleza. Encontrei sua mãe. Abraçou-me e na sequência solicitou que eu fosse a um lugarejo, onde encontraria crianças adoecidas. Fui até lá e as atendi. Ontem, procurou-me novamente. Mostrou-me imagens como se eu mergulhasse em histórias de vivências que já se foram... Não sei o significado. Pediu-me ânimo e coragem.

— Que imagens foram essas?

— Não desejo falar das imagens... Você não acreditaria. Mencionou algo sobre uma conversa com você no leito de morte, recomendando-lhe abraçar a fé cristã. Disse que este é caminho que o principado deve adotar.

— Como sabe? Estávamos a sós.

— Pois foi o que ela mencionou. Está preocupada com a iniciação de seus filhos na fé cristã.

— Esqueça, não vou me deixar levar por presságios, sonhos, vozes ou aparições. Meus filhos estão sendo preparados para liderar. Todavia, hei de fazê-los livres das convenções e cadeias que nos fazem cativos! Quanto à conversão, definitivamente, não a vejo com bons olhos. Em minha posição não é fácil manter uma postura firme e reta, Malusha. A fidelidade das tropas depende de minha atitude. Minha mãe foi fiel ao principado, administrou com eficiência e justiça. No entanto, todo líder deve ser respeitado. Se afrouxar, perde as rédeas! Ela foi firme até certo ponto, por outro lado, acabou amolecendo...

— Sviatoslav, por certo não deve ser fácil conciliar as metas materiais e espirituais. É preciso sintonizar-se com os planos superiores, protegendo-se naturalmente da influência das sombras. É importante aderir ao Cristo.

— Ah! Malusha! Malusha! Tudo o quanto meu coração diz é que não consigo viver sem você.

— Sviatoslav, pense bem... Resigne-se à situação. Aceitar a separação, quando ela se imponha, é também uma forma de demonstrar amor.

— Separação? Não! Isto não se sucederá! Esqueça! Veja em que minha vida se transformou, sem amor, solitário! Dediquei todos esses anos a conquistar novos territórios. Que me importam a fortuna, os bens e o poder? Então, responda-me, desanuvie o meu sofrimento: você me ama? Aceita pertencer-me?

O coração dela agitou-se quando ele pegou suas mãos trêmulas e as segurou entre as dele.

Malusha inclinou a cabeça em seu ombro ouvindo suas juras de amor. Porém, instantes depois, endireitou-se e livrou-se delicadamente de seus braços:

— Meu amado soberano, escute-me. Nossos sentimentos devem ser conservados na intimidade de nossas almas para serem libertos em tempo e espaço apropriados. Tenho uma vaga noção dos compromissos assumidos na vida maior. Foge-me à compreensão os pormenores, mas sei que fomos chamados ao serviço de Jesus. Perdoe-me, meu querido. Mil vezes, perdoe-me. Preciso ir agora.

— Não antes de um beijo.

Malusha tentou soltar-se, teve medo, mas rendendo-se aos seus afagos, correspondeu...

Não conseguia opor resistência ao poder que atraía sua alma e seu corpo para aquela alma e para aquele corpo...

Assim permitiu a ambos momentos de felicidade que literalmente traziam o céu para a Terra.

Viveram momentos acima de todas as convenções dos homens, na plenitude do amor.

O bosque de exuberante beleza e perfume os acolheu numa explosão de amor e paixão.

***

No desdobrar dos dias, Milly percebeu que Sviatoslav estava diferente, tomado de indisfarçável contentamento, espairecendo o ambiente do palácio, até então coberto com uma atmosfera de sombra e melancolia, o padrão nos últimos tempos.

— Alegro-me ao ver sua felicidade, Sviatoslav. Esteve com Malusha?

— Sim, Milly.

— Você bem sabe que com o passar do tempo, você e eu somos como dois irmãos que com suas carências zelam um pelo outro. Assim sendo, sobre Malusha, devo encontrá-la o mais breve possível. Quero que saiba o que penso a respeito desta situação.

— Pretendo reaproximá-la do palácio.

— Quanto a ela, fez alguma referência sobre o menino? A criança tem o seu jeito, é o seu retrato, de forma mais acentuada que nossos próprios filhos.

— Não tocamos neste assunto, porém tenho certeza de que jamais ela omitiria algo tão importante, Milly.

— Será? Coloque-se no lugar dela, simples camponesa. Seria um filho bastardo! E o receio martirizando-a dia e noite, caso o filho seja seu. Um herdeiro que poderia ser sumariamente arrancado de seus braços! E as chacotas e depreciações e até chantagens por pessoas que vivem a procurar escândalos no principado?

— Sinto-me realmente em dúvida! Esse garoto... Quando me aproximo é como se eu já o conhecesse.

— Quanto à volta de Malusha ao palácio, reafirmo que não me oponho. Desejo verdadeiramente que você se sinta livre e feliz.

***

Milly procurou Dobrynya.

Informou ter certeza de que o menino era filho de Sviatoslav. A semelhança física não deixava dúvida.

Dobrynya concordou e fez Milly prometer que nada revelaria, atendendo ao apelo da irmã.

Milly dispôs-se a procurar Malusha, convencendo-a a dizer a verdade, já que ambos, ela e o menino, seriam beneficiados.

Mais tarde, conversando com Malusha, Dobrynya falou dos questionamentos de Milly e da solicitação do soberano, praticamente uma ordem para averiguar quem eram os pais de Vladimir.

Ela não conseguia evitar a preocupação.

A condição de filho herdeiro, ainda que bastardo, acarretaria forte oposição de grupos no palácio, além de responsabilidades pesadíssimas para Vladimir.

Na qualidade de herdeiro poderia viver bem, com conforto e riqueza, e ascender a altos postos no principado, o que não seria difícil pela sua inteligência e sagacidade. E nada o impediria de participar de batalhas que, no seu ideal de jovem, tanto almejava.

Não era o que ela pretendia para ele. O seu coração continuava associado à ideia de Olga. O filho deveria absorver os ensinamentos e a vivência do Evangelho de Jesus.

Definitivamente, apesar de seus esforços como mãe, o filho não tinha ainda preparo nos valores cristãos suficientes para fazer valer mais a força da inteligência do que a da espada, na construção da convivência pacífica necessária para o progresso dos povos.

Expôs seus temores a Dobrynya, explicando que embora o seu coração preferisse ficar, a razão recomendava o afastamento. Decidiu partir com o filho.

O irmão aconselhou-a a não resolver tão delicado problema com precipitação, porém ela estava irredutível.

Aflita, advertiu-o de que se avisasse Sviatoslav jamais a veria novamente.

Na manhã seguinte, Malusha e o filho abraçaram Dobrynya e partiram para um destino ignorado.

Após exaustiva caminhada, chegaram a um acampamento ao anoitecer. Malusha ficou mais tranquila quando observou que havia outras mulheres no local.

Mãe e filho se aproximaram das fogueiras, desceram dos cavalos e se apresentaram.

Os acampados não lhe negaram ajuda, segundo o preceito de hospitalidade da época. Foram recebidos com apreço e respeito.

Logo no dia seguinte, partiram com a caravana.

Ao tomar conhecimento de seu desaparecimento, Sviatoslav ordenou que seus homens fossem ao seu encalço. Ninguém, entretanto, soube informar o paradeiro dos fugitivos.

Meses se passaram.

Mãe e filho pareciam ter desaparecido da face da Terra.

Capítulo 10

Apesar de improvisada, fora tranquila a viagem de mãe e filho até a província ocupada pelos magiares, território onde se situa a atual Hungria.

A chegada ocorreu sem maiores incidentes, não obstante a demorada travessia.

Malusha e o filho viram-se em um ambiente estranho, porém valendo-se da hospitalidade de conhecidos, com novas oportunidades de aprendizado e evolução.

Foram tempos de calmaria.

Às vezes, as lembranças vinham à tona e pungente saudade acometia a jovem, porém rapidamente procurava afastar os pensamentos infelizes, concebendo que não deveria voltar a Kiev.

A população vivia da agricultura e do trabalho artesanal. As searas produziam bastante, as colheitas eram abundantes. A ceifa nos campos de centeio iria começar e era necessário aumentar o número de pessoas para o serviço.

Muitos homens foram admitidos, exigindo a construção de novas moradas. Para espantar o frio, os habitantes reuniam-se à noite, após o trabalho, para cantar e dançar em volta de fogueiras. Todos se agrupavam em uma grande roda. Os homens bebiam, as mulheres conversavam e dançavam.

Malusha logo se adaptou à nova vida, voltada para o serviço ao qual estava acostumada. Enquanto os novos amigos se ocupavam das tarefas rotineiras, ela passava as manhãs lidando com as ervas medicinais, conforme aprendera com Dobrynya, estreitando laços, aproximando-se dos aldeões.

Ali, no seio de famílias amistosas, estava bem, incomparavelmente melhor que em Kiev, onde muitas coisas tornaram-se complexas à medida que se escondia para sobreviver.

Naquele lugar, tudo lhe era próximo e ela se sentia livre.

Essa sensação agia de modo benfazejo sobre ela.

Era frequentemente acompanhada de *almas boas*, visitando as aldeias e os lugarejos pobres, a fim de suavizar as amarguras do corpo e da alma, tal qual Dobrynya ensinara-lhe.

Os habitantes generosos repartiam queijos, leite, doces e pães com os desprovidos da região, sempre ampliando a produção, como se o céu premiasse sua generosidade e dedicação ao trabalho realizado.

Malusha educava Vladimir com esmero e vigilância, não regateando esforços para que suas aspirações se convertessem em realidade. Trabalhava incansavelmente. Contudo a lembrança de Sviatoslav estava sempre presente.

Uma jovenzinha, Nina, com idade aproximada a de Vladimir, adoeceu gravemente, com intensas dores. Fora criada por Karven, seu pai, homem magro e bem talhado, rosto bonito e regular, olhos castanhos, um líder à frente das expedições guerreiras que o levavam a ausentar-se com frequência.

Malusha foi chamada.

Levou ervas e unguentos.

A moradia de Karven era constituída por um grupo de construções que dava para um enorme pátio, de onde se avistavam cavalariças e chaminés. À entrada havia uma grande pedra com um frontão semicircular ainda não concluído. A casa tinha diversos cômodos e uma cozinha ampla. Circundando o local, havia um jardim recém-plantado.

Tão logo se viram, Malusha e Nina experimentaram a feliz sensação de que se conheciam e uma grande amizade estabeleceu-se entre ambas. Em função do estado de saúde da menina, Malusha empregou-se como criada de servir, e mudou-se para a casa com o filho, aceitando de bom grado o serviço oferecido pelo pai para zelar pela jovenzinha adoecida.

Sempre ativa, buscando ser útil nas tarefas domésticas, além dos cuidados a Nina, Malusha tornou-se credora da estima de Karven.

Ele percebia a influência positiva que Malusha exercia sobre sua filha. Antes em estado de melancolia constante, agora se entusiasmava com as colchas e tapeçarias tecidas por suas próprias mãos, os doces fabricados em sua cozinha, o preparo de medicamentos com ervas.

A amizade foi se estreitando entre ambos. Ela o convidou a participar das orações diárias junto às crianças, o que ele fazia de bom grado.

***

Certa feita, Vladimir e Malusha conversavam:

— Mamãe, por que tem falado das vozes com os aldeões? Muitos se mantêm afastados. Acredito que tenham medo.

— Jamais vou desprezar o dom, pois foi Deus que me concedeu. Não tenha receio!

— Acho que é um erro falar disso para eles.

— Vladimir, jamais haverá erro em transmitir aos camponeses alguma noção de espiritualidade.

— Eles não vão compreender, mamãe. Depois que a senhora saiu, eu ouvi quando um senhor disse que considera o cristianismo um assunto sem sentido. Afirmou também que jamais houve confirmação de vida após a morte e que a fé na imortalidade da alma está apenas na cabeça das pessoas. Para ele, o cristianismo é uma crença nociva que ensina fantasias.

— Pois você não lhe disse nada, filho? A imortalidade da alma está demonstrada em todas as crenças com a manifestação dos espíritos. Esses fatos são observados por grandes sábios e admitidos pelos filósofos gregos. Naturalmente, é mais confortável crer na destruição total após a morte, pois isso tira das pessoas a responsabilidade pela vida e pelo cumprimento das leis morais.

— Eu a compreendo, contudo, tenho receio, mamãe. Se ao menos Dobrynya estivesse por perto para apoiá-la. Sinto que em Kiev estaríamos mais protegidos. O soberano disse que eu teria o apoio dele e se eu desejasse, faria de mim um guerreiro e até um comandante! Terei que preparar-me para manejar bem a espada! O que a impede de realizar o meu sonho? Não deseja ver-me feliz?

— Acima de tudo, meu querido.

— Então vai ajudar-me?

— Ora, ora! O que temos aqui? — comentou sorridente Karven, entrando na cozinha acompanhado da filha, após ouvir parte da conversa entre mãe e filho — Estão tratando do sentido da vida e do destino do homem?

Embaraçada ao perceber que fora ouvida pelo dono da casa, Malusha respondeu:

— Desculpe-me, senhor. Não vi quando chegou. Não foi a minha intenção... Acomode-se, por favor.

Apressou-se em servir pão e mel aos recém-chegados.

Karven intimamente agradecia àquela gentil serviçal que tão bem cuidava de sua filha, e sem a qual não conseguiria a tranquilidade necessária para enfrentar os desafios nas campanhas.

Ela, distraída com seus afazeres, nem percebia o quanto estava sendo alvo da atenção por parte daquele homem simples e bom, a quem devotava especial carinho.

— Pois bem, Vladimir — disse o recém-chegado —, depois de se alimentar, vá dar uma volta com Nina e no regresso se apronte para a aula de esgrima. Eu estarei à espera! Se for isso que deseja, vou prepará-lo para ser um bom soldado e quem sabe um futuro comandante...

Vladimir arregalou os olhos.

— Verdade, senhor? De fato, sonho com isso. Vai preparar-me?

Karven acenou positivamente. Pouco depois Nina e Vladimir saíram.

— Quem é o soberano ao qual Vladimir fez referência, Malusha? — perguntou ele.

— Coisas da cabeça dele, ideias de criança. Houve uma promessa e ele se fixou nisso. Foi só.

— E existiu algum soberano em seu coração, depois que o pai de Vladimir morreu?

— Não, senhor.

Karven encheu-se de coragem para abrir o seu coração.

— Só tenho a agradecer e algo a propor, Malusha. Queira se sentar, por favor.

Decidido a mudar o rumo de sua solidão, tomou-lhe a mão dizendo:

— Deixe-me ajudar...

Ela retraiu-se, assustada.

— Sou grata por seu amparo, senhor. Entretanto, já tenho alguma reserva e algo em vista para nos instalarmos em uma modesta vivenda.

— Não, Malusha! Por favor, não diga isso. Não irá a lugar nenhum. Minha filha é outra pessoa, está curada, entusiasmada pela vida, feliz! Há muito eu luto por sua saúde, sem nada conseguir. E no mais, devo confessar-lhe algo, vou direto ao assunto. Há tempos não sentia tão grande carinho por alguém, afeto sincero. Não sei se me entende, tenho receio de que não seja correspondido, porém, para consumar meus anseios seria necessário que eu a desposasse.

— Desculpe-me, eu peço que me perdoe — respondeu a jovem, visivelmente constrangida — sou grata e o admiro. Gostaria de entregar-me de corpo e alma a outro homem, entretanto, não conseguiria.

— É viúva tão jovem! Não acha que deveria refazer sua vida, cogitando outro lar?

Lágrimas turvaram-lhe os olhos. Não esperava deparar-se com tal situação. Envergonhada por não corresponder aos anseios dele, entendeu por bem, contar-lhe sua história, falando de seu romance com Sviatoslav.

Karven não insistiu em suas pretensões, mas a convidou:

— Malusha, fique conosco. Compreendo agora as suas dificuldades. Seremos bons e fiéis amigos. Minha filha precisa de você. Jamais permitirei que alguém a desrespeite.

E ela, corando com ar embaraçado, concordou:

— Está bem! Amigos...

Desde então, formou-se um núcleo familiar, compartilhando ambos de uma convivência sadia sem intimidade e constrangimentos.

Malusha sabia o quanto necessitava de proteção, porquanto não seria bem-vista sozinha e Karven necessitava de uma mãe para sua filha, pois ausentava-se na maior parte do tempo.

Karven afeiçoou-se a Vladimir, que já era um rapazinho, como se fossem pai e filho, preparando-o para os dias vindouros. Transmitia-lhe sua perícia na esgrima, sua destreza com armas, seu brio de cavaleiro, deixando o rapaz acompanhá-lo nas caçadas.

Malusha direcionava a Nina o desvelo materno, ensinando-a a costurar e a fiar, a manipular as ervas, estreitando laços de afetividade.

Capítulo 11

O tempo seguiu sua rota inexorável agregando anos ao calendário da vida.

O outono estava tépido e claro, e mostrava as suas marcas no céu cinza-azulado com reflexos róseos, bem como nas folhas se destacando das árvores e formando longos tapetes; no rumor dos ventos varrendo ruas e na contabilidade do tempo registrando ciclos.

No palácio, a família mantinha os mesmos problemas de convivência.

Marke, a antiga preceptora de infância de Milly, que lhe fazia as vezes de verdadeira mãe, falecera com idade bem avançada.

Em seu dia a dia em Kiev, Sviatoslav não conseguia furtar-se à tristeza, permanecendo a maior parte do tempo ausente à frente de suas tropas.

Depois de tantos anos de buscas infrutíferas, sem a mais ligeira esperança de encontrar Malusha, sentia-se, em certos momentos, como se amasse alguém que só existia em sua imaginação. A saudade da jovem atormentava-o e como antes, compensava o amor ausente em campanhas para conquistas de territórios.

Alastrava-se a sua fama pelos feitos de guerra, na proporção do aumento da área do seu domínio.

Os herdeiros Yaropolk e Oleg eram agora rapazes adultos.

Alimentavam indefinível ressentimento entre si, dificultando o relacionamento familiar. Havia uma clara animosidade do passado, condição que o tempo e o convívio cooperavam para que fosse superada com o zelo e o amor de Milly.

Yaropolk se destacava por seus modos impulsivos.

Oleg mantinha-se afastado.

Adversários espirituais aproveitando-se das fraquezas dos rapazes os atacavam ferozmente. Sugeriam ideias, infernizando-os e irritando-os, a um e a outro. O mais atingido era Yaropolk, cujas vibrações denotavam desejo ardente de ser o sucessor. Os representantes das sombras atuavam nele produzindo intrigas insidiosas, visando a desestabilizar a família.

Dois inimigos em vidas passadas reencarnaram como irmãos para se reconciliarem, tendo por facilitador o abençoado esquecimento das agressões mútuas do passado.

Milly permaneceu a mesma.

Entregava-se à música. O canto era um lenitivo para suas tristezas. Embora Sviatoslav outorgasse-lhe total liberdade, não se sentia livre. Havia uma barreira moral, no mais alto grau que a mantinha afastada de Mikhail, o dono de seu coração, que permanecia no posto de comandante da guarda oficial.

Com a voz envolvente, a sós, punha-se a cantar, exatamente como fazia na casa paterna pelas tardes domingueiras.

***

Certa noite, no campo de batalha, a lua cheia descera docemente, fria e luminosa.

Sviatoslav, fora de sua tenda, fitava o vácuo, preso às recordações. Olhos perdidos no luar, enquanto as primeiras neves do inverno se avolumavam, branquejando o campo.

Logo se recolheu.

Tornara-se famoso por suas façanhas. Porém, retraído, mostrava sinais de desalento, preocupando seus homens. Observando os graves efeitos os quais as guerras produziam, incomodava-se por jamais haver cogitado dos sofrimentos do povo.

Sentado a um canto, bebericava numa caneca de vinho, quando uma jovem entrou em sua tenda.

Belíssima, fora enviada por seus comandados para animá-lo. Porém, por mais que se sentisse tentado, a lembrança de Malusha dissipava qualquer desejo.

Insinuante, ela aproximou-se.

— Vossa Majestade não me conhece. Sou Soraia. Deixe-me distraí-lo.

Ele irritou-se.

— Agradeço a sua disposição, não estou disposto. Saia!

— Sou vossa serva, senhor. Ficarei lá fora, à espera de um aceno. Quando quiser, voltarei.

Pouco depois, Sviatoslav adormecia.

Viu-se afastado do corpo, diante de Olga Prekrasna.

— Oh! Minha mãe! — balbuciou emocionado — Sinto-me só! Abandonado por todos! Nem tenho vontade de retornar ao principado, nem ao meu lar...

— Em que pensa, filho?

— Nela... Tanto que me alucino. Por que me traiu? Por que fugiu?

— Está enganado. Ela jamais o traiu. Em breve você entenderá o que aconteceu. Volte! E não se arrependerá! É preciso ajudar seus filhos para que cresçam e amadureçam sob sua proteção. Um deles está longe, todavia em breve retornará.

— Não entendo...

— Entenderá! Deixe os campos de guerra e regresse a Kiev o mais breve possível. Malusha também será reconduzida. E saiba que às vezes é preciso perder primeiro para vencer depois.

Ao acordar, embora com dificuldade de compreender o que acontecera, Sviatoslav sentia que estivera com sua mãe e que voltaria a encontrar Malusha.

***

Nesta mesma noite, Olga apresentou-se à Malusha.

— Senhora Olga, que alegria!

— Sim, querida, sou eu. É chegada a hora. Deverá regressar com Vladimir.

— Tenho receio, não sei se devo.

— É preciso. Terá nossa proteção, confie em Sviatoslav, minha filha.

— A minha alma é dele, sempre dele.

— Sviatoslav tentando esquecê-la vem se entregando de uma forma voraz à conquista de territórios, o que é comprometedor. Só você poderá mudar isso.

— Sinto muito. Não sei se ele me perdoará um dia. Fugi movida por temores, mas há uma voz interior que clama pelo meu retorno. A senhora confirma essa impressão.

— Tentaremos suavizar as dificuldades que enfrentará. Acalme suas inquietações. Confie, minha querida! Há muito a fazer...

No dia seguinte, Malusha e Karven conversavam de forma reservada. Não perceberam que Vladimir ouvia ocultamente.

— Karven, você tem sido um irmão para mim e um pai para Vladimir. Soube abafar suas ânsias e entender as minhas, jamais contrariando meus sentimentos, entretanto, neste momento há algo que devo comunicar-lhe. Regressarei a Kiev com Vladimir. É chegada a hora de revelar a verdade sobre a origem de meu filho ao pai. Recebi a palavra de uma benfeitora espiritual, e hoje tenho a certeza de que a tarefa de Vladimir é diversa das elevadas responsabilidades de um soldado.

Desnorteado, o jovem interrompeu a conversa abruptamente:

— Que verdade é essa, minha mãe? Se meu pai não está morto, quem é ele? Por que mentiu?

— Por favor, Vladimir. Não deveria estar escutando nossa conversa.

— Não mude de assunto, mãe. Responda-me, eu quero a verdade.

— Pois bem, meu filho. Uma hora ou outra eu teria de enfrentar... Julgo acertado explicar as razões que me levaram a deixar o principado. Seu pai está vivo! Sei que lhe devo a verdade, todavia primeiro tenho de encontrá-lo e falar-lhe a respeito. Depois será a sua vez.

— Ele abandonou a senhora? Foi isso?

— Não, pelo contrário. É uma pessoa boa, do mais alto valor. Tratou-me bem, como a uma rainha.

— Então por que o abandonou? Não o amava?

— Você não conseguiria entender minhas razões. Dê-me algum tempo!

— Não posso obrigá-la, porém retornarei a Kiev imediatamente, Dobrynya há de revelar-me o que necessito saber! A senhora enfatizou inúmeras vezes o que esperava de mim, que eu fosse fiel ao Cristo. No entanto, sustentou uma mentira por tanto tempo. Pela última vez, diga-me, quem é ele?

Ela emudeceu.

— Pois bem, saberá onde encontrar-me, mãe. Estarei com Dobrynya.

Pela manhã, Vladimir arrumou alguns pertences e partiu, deixando Malusha inconsolável.

***

Após longa viagem, o jovem encontrou a rústica e humilde moradia cercada de frondosas árvores. Sob elas, longos bancos de madeira ofereciam abrigo, cercado de flores e ervas caprichosamente cuidadas, espalhando suave e exótico perfume.

Ao fundo viam-se árvores do pomar, cujos frutos apoiavam-se nos galhos sobrecarregados. A casa apresentava evidentes sinais de haver sido aumentada gradativamente para receber aqueles que em seu tio buscavam porto seguro para as tempestades da vida. A natureza soubera premiar Dobrynya.

Vladimir abraçou-o. Continuava o mesmo! Embora acolhesse a muitos, vivia só, dado a experimentações e pesquisas, e tão amigo e paternal que todos o admiravam e respeitavam.

Ele fitava emocionado o sobrinho:

— Meu Deus, como você cresceu, Vladimir! Está um belo rapaz! Que saudades... E sua mãe?

— Virá depois. Adiantei-me porque quero saber tudo sobre minha origem. Por favor, ouvi mamãe dizer que meu pai está vivo. Quem é ele, tio? Por que mentiram?

— Ela não lhe disse?

— Solicitou um tempo! É isso o que quer! Um tempo! Não posso esperar mais. Por que fizeram isso comigo? Tenho o direito de saber quem é meu pai!

— Se Malusha prometeu, há de revelar-lhe. Isso cabe unicamente a ela. As coisas não são tão simples quanto você imagina. Confie em sua mãe!

Amuado, Vladimir percebeu que perdera a viagem. Nada tiraria do tio. Deveria esperar pela boa vontade de sua mãe.

Instalado na casa de Dobrynya, dias depois Vladimir saiu, dirigindo-se à praça pública onde se concentrava o comércio. Embora oprimido, sentia necessidade de caminhar e renovar seu estado de ânimo.

Em dado momento cruzou com pessoas de nobre linhagem. Dentre elas, uma encantadora jovem de extrema beleza despertou-lhe a atenção, pele clara, cabelos negros e soltos, corpo esguio.

Notou que ela também o olhava interessada.

O grupo seguiu adiante, sem que ele pudesse desligar-se da linda jovem, dando trégua aos problemas que lhe torturavam a alma.

Súbito, alguém o abordou.

Surpreso, deparou-se com Sviatoslav, vestido com trajes marciais, parecendo chegar de viagem:

— É você, Vladimir?

— Sim, majestade, sou eu. Como me reconheceu depois de tanto tempo?

Sviatoslav mal continha a emoção.

Finalmente teria notícias de sua amada.

— Seja bem-vindo em nossas terras, rapaz! Jamais esqueceria esse sorriso! E sua mãe? Veio com você? Estão hospedados com Dobrynya?

— Sim, estou com meu tio, mas encontro-me só. Mamãe não veio.

Sviatoslav mal conseguia disfarçar a decepção.

— Entendo. Temos que conversar, rapaz! Se não se importar, devo procurá-lo em algumas horas, depois de banhar-me.

— Será uma honra! Eu nunca esqueci sua promessa sobre a excursão campestre.

— Aguarde. Em breve, a promessa será cumprida.

***

Horas depois, Sviatoslav chegava ao lar de Dobrynya, que o recebeu com deferência.

— Seja bem-vindo, amigo!

O soberano correspondeu à saudação e logo se dirigiu a Vladimir.

— Então, meu rapaz, o que o traz por aqui?

— Ah! Excelência! Vim em busca da verdade sobre a minha origem.

— Vladimir — ponderou Dobrynya, procurando evitar problemas —, não creio que nosso soberano possa auxiliá-lo.

Sviatoslav ignorou suas palavras.

— Em que eu poderia ser útil, meu jovem?

— Desde pequeno tive conhecimento que meu pai morreu em batalha.

— Sim.

— Há poucos dias ouvi uma conversa de minha mãe. Ela dizia que meu pai está vivo!

Sviatoslav mal continha a agitação interior. Não seria Vladimir seu próprio filho? Teria Malusha falado a verdade ao dizer que era filho de uma amiga que morrera no parto, casada com um soldado igualmente falecido?

Buscando vencer a emoção, quebrou o silêncio.

— E quanto a Malusha? O que tem feito? Por que não veio?

— Mamãe está bem. Uma epidemia tomou conta de nosso povoado e ela está tentando ajudar com as infusões a base de ervas. Vivemos sob o teto acolhedor de Karven, um senhor afeito aos rigores das campanhas, que muito nos beneficiou quando chegamos. Ele tem uma filha. Damo-nos bem, somos uma verdadeira família.

Sviatoslav olhou para Dobrynya, desapontado.

— Estou feliz por saber que ela está bem, por ter encontrado alguém... Tenho grande afeição por sua mãe.

— O senhor conheceu-a, anteriormente?

— Sim, Vladimir! Olga, minha mãe, tinha imenso carinho e respeito por ela. Serviu em nossa casa. Era como se fossem mãe e filha.

Sem perceber que se tratava da mesma pessoa, Vladimir comentou:

— Por coincidência, mamãe teve uma grande amiga chamada Olga, também. Uma senhora encantadora! Verdadeira benfeitora!

— Por que era? Não se viram mais? De que território ela é?

— A senhora Olga já morreu. Ela era daqui, destas terras! Jamais a esqueceria. Foi um anjo que caiu do céu em nossas vidas. Encontrávamo-nos em passeios. Era uma senhora bondosa. Entregava roupas e alimentos para que mamãe distribuísse pelo povoado. Muitos choraram a sua morte, inclusive mamãe. Ela muito fez por nós!

Sviatoslav comentou desolado, olhando para Dobrynya.

— Creio que há coincidência demais em nossas vidas, rapaz.

— Mamãe recomenda que eu não fale a ninguém, mas tem facilidade em ver e ouvir aqueles que já deixaram este mundo. Frequentemente vê o vulto da senhora Olga que lhe fornece orientações. Talvez o senhor não entenda...

— Posso entender. Explique-se melhor.

— Desde que eu era menino, dizia-me ouvir as vozes de amigos espirituais. Pediam-lhe que depositasse em meu coração as ideias de justiça igual para todos, princípios do cristianismo. Eu jamais falei sobre isso a alguém, seguindo as suas próprias recomendações, para que não a considerem louca.

— Sim, eu entendo, Vladimir, eu sempre soube. Diga-me, ela está bem? Casou-se? É feliz?

— Houve uma ocasião em que o senhor Karven confidenciou-me algo. Disse-me que daria a vida pela felicidade de mamãe, porém, infelizmente o coração dela já tinha dono.

Então, ela não o esquecera! Certamente era ele o dono de seu coração, como ouvira muitas vezes de seus lábios.

Tentando conter a emoção, Sviatoslav perguntou:

— Quando o avistei na praça, parecia distante com o pensamento a vagar. O que houve?

— Eu caminhava, senhor, quando algo despertou minha atenção, fazendo-me parar. Vislumbrei uma linda jovem que me conquistou por inteiro. A vestimenta clara, os cabelos soltos, parecia-me ver um anjo. Nem mesmo percebi que o senhor me chamava. Sinto que é a mulher de meus sonhos. Quem me dera tê-la nos braços até o fim de meus dias. Ela se foi e meus pensamentos continuaram sendo dela.

— Se assim for, o que poderá impedi-lo de cortejá-la, Vladimir?

— A formosa jovem estava cercada por uma comitiva imensa, provavelmente é uma princesa ou uma nobre de outras terras.

Sviatoslav sorriu.

Parecia-lhe ouvir sua própria história, com papéis invertidos.

Ele era o nobre. A amada Malusha, a plebeia.

Prometendo ajudá-lo em relação à jovem, Sviatoslav despediu-se imerso em seus pensamentos, sempre centralizado em Malusha.

Capítulo 12

O palácio majestoso tendo como pano de fundo um céu azul compunha a bela paisagem. As copas curvadas indicavam o itinerário do vento, não obstante, em rajadas amenas.

Na hora aprazada, Vladimir chegou para o tão esperado passeio com Sviatoslav, sendo recebido amavelmente por Milly.

A anfitriã discretamente apresentou-se:

— Você é o jovem Vladimir? Eu sou Milly. Alegra-me que tenha vindo. Seja bem-vindo ao nosso lar!

— Muito prazer, senhora, obrigado pela acolhida.

Sviatoslav e os filhos chegaram, o saudaram, sentando-se à mesa posta com fartura. Milly afetuosa e humilde instalou-se diante das ervas para servir o chá forte e quente com os bolos, dispensando os serviçais.

Conversavam fraternalmente, serviram-se das iguarias, saboreavam os biscoitos de nata, compotas, queijo e mel com leite.

O convidado já se sentia à vontade.

Oleg, o filho mais novo, tentava interagir, porém um recíproco sentimento de repulsa entre os irmãos impedia-os de se unirem nas atividades habituais. Desde pequenos censuravam-se por tudo e jamais trocavam confidências. Mútua hostilidade. Provocavam-se, satisfaziam-se em ofensas recíprocas.

Milly a cada oportunidade tentava aproximá-los, sem, contudo, conseguir extinguir a animosidade que infelicitava a vida doméstica. Após as contínuas farpas trocadas entre os irmãos, o desjejum terminou.

Sviatoslav e os rapazes deixaram o palácio e montaram os cavalos. A conversa ia animada e, de vez em quando, apeavam para os cavalos descansarem.

Num desses momentos, Sviatoslav perguntou:

— Regressará ao povoado?

— Há uma epidemia se alastrando, saí às pressas. Minha consciência pesa. Dobrynya preparou potentes infusões de ervas. Pretendo acudir os aldeões com esses recursos.

Nesse instante, avistaram algumas pessoas ao longe. Emocionado, Vladimir reconheceu a jovem por quem se apaixonara.

Sviatoslav rompeu o silêncio:

— O que sucedeu a você, Vladimir? Perdeu a fala? É essa a jovem a quem se referiu?

— Sim, é ela. Só a vejo de longe, todavia estou encantado. Sei, devo esquecê-la, porquanto não sendo de seu meio não seria aceito como pretendente.

Sviatoslav sorriu.

— Vai desistir assim tão fácil, rapaz? Se está apaixonado, se é a mulher de sua vida, intercederei a seu favor.

— Não entendo, excelência. O que poderia fazer?

— Confie em mim. Narre o conteúdo de nossa conversa à sua mãe. Diga-lhe que estou disposto a ajudá-lo, porém com seu consentimento. Transmita-lhe minha intenção e o meu eterno respeito e admiração.

— Ah, sim! Mamãe ficará agradecida, talvez envergonhada. Somos simples camponeses sendo auxiliados por um soberano.

— Não para mim, Vladimir — balbuciou Sviatoslav emocionado.

E passaram a trocar ideias sobre outros assuntos, estreitando os laços de amizade.

No dia seguinte, Vladimir retornou ao povoado.

***

Os dias decorreram longos, intermináveis.

Alguns meses após a partida de Vladimir, um surto recrudescia em Kiev. Numa época em que não se conheciam as causas da cólera, nem sequer como tratá-la, a enfermidade avançava. Geralmente, sem sintomas ou de forma moderada, por vezes tornando-se grave, levando muitas pessoas à morte.

Dobrynya enviou um mensageiro ao território dos magiares, buscando Malusha. Desta feita, era ele quem solicitava seu retorno a fim de auxiliá-lo.

O número de enfermos aumentara assustadoramente.

Malusha não teve coragem de abandonar os aldeões, que também enfrentavam o problema.

Decidiu enviar Vladimir.

Karven autorizou a ida da filha Nina e mais dois jovens.

A viagem transcorreu sem incidentes.

Desde a chegada, os jovens entregaram-se ao trabalho de socorrer as vítimas da epidemia.

O surto aumentara. Os menos preparados na fé e na confiança em Deus abatiam-se em desesperação e desalento. Julgavam-se irremediavelmente perdidos diante da adversidade que tomara aquelas terras.

Dobrynya chefiava a equipe de socorro, afinado com os benfeitores espirituais, em amoroso amparo aos enfermos.

Eram muitos os que o procuravam, praticamente desidratados.

As infusões à base de ervas tiveram de se multiplicar, bem como a palavra de bom ânimo aos desalentados.

Aos enfermos terminais, oferecia-se o bálsamo da prece em favor da fé.

Várias semanas escoaram-se no combate à epidemia.

Capítulo 13

O dia a dia, a rotina dos atendimentos, tudo corria na base da fé, esperança e resignação.

Assazes benéficios traziam os longos diálogos de Dobrynya para os enfermos e suas famílias, derrubando absurdas e ultrapassadas crenças, fazendo-os repensarem a existência, as dificuldades enfrentadas, as relações familiares.

Os enfermos buscavam o ancião amigo e, embora persistisse em acreditar ser pequenino para a tarefa, ele próprio se surpreendia com os resultados. Muitos experimentavam a cura completa, outros, incuráveis ou com sequelas, abraçavam seus infortúnios com resignação, agregando à própria alma qualidades e virtudes.

Entregue à sua rotina de trabalho abençoado, Dobrynya foi chamado a atender Sviatoslav, que retornara doente de uma de suas excursões.

Não se tratava do surto, contudo uma febre acompanhada de delírios o atormentava, tendendo a agravar-se.

Sua saúde estava perigosamente comprometida.

***

Vladimir ganhara a confiança dos familiares de Sviatoslav. Instintivamente, agiam como se ele fosse realmente um membro da família. Sentia-se visivelmente impressionado com as atenções recebidas, e assim desenvolveu uma amizade com o filho primogênito do soberano. Na convivência acabou por adquirir hábitos do jovem que eram, lamentavelmente, vinculados à libertinagem.

Yaropolk tinha um rosto expressivo, gestos elegantes, era belo, sedutor e muito disputado por apaixonadas mulheres. Humildes hospedarias ou palácios esplendorosos acolhiam-no, tornando-se célebre por suas conquistas amorosas e festas, em noitadas de muito vinho.

A princípio, o serviço de benemerência aperfeiçoara positivamente o caráter e os sentimentos de Vladimir; agora, porém, sob a influência do irmão, a indisciplina e a busca do prazer desenfreado lhe batiam à porta, oferecendo largo acesso às forças das trevas.

Sentindo-se estimulado pelas regalias do luxo e da riqueza, entregava-se às festanças com mulheres fúteis, atraindo uma malta de espíritos viciados.

Além disso, cogitavam de afastá-lo dos benfeitores espirituais que lhe guiavam os passos, ainda incertos e vacilantes.

O líder incentivava:

— Grande oportunidade à vista! Não deixaremos que o cristianismo se instale nestas terras. Temos tudo planejado. Trago comigo o relatório de cada personagem. Toda brecha foi intensamente analisada. Nossos alvos estão receptivos!

— Quais são as próximas ações? — perguntou um subalterno.

— O soberano está neutralizado, encontra-se no leito sob delírios. Yaropolk, o herdeiro, é o mais fácil de atingir.

Ligado aos bens materiais tem tendência ao desequilíbrio, guardando sintonia conosco. Aproveitaremos sua fragilidade. Propício aos nossos interesses, em qualquer dificuldade, procurará a porta fácil do suicídio.

— E quanto ao bastardo?

— Com esse não será tão fácil. Desde o nascimento, ele vem sendo preparado para resistir às arapucas. Antes de se aproximar de Yaropolk, ele atuava nos tais serviços de caridade, ligado às tramas da oração. Vladimir, porém, é um homem indeciso e vulnerável. Está dando os primeiros passos em nossa direção. Haverá de afastar-se da mãe e do tio. Venceremos a batalha. As sugestões de grandeza, agasalhadas pelo orgulho, o levarão ao desequilíbrio.

Feitas as orientações, o líder dispensou seus subalternos, animado pela perspectiva de conseguir seus propósitos.

***

O soberano estava mal. Terrível angústia e mal-estar o dominavam.

Não encontrava satisfação em coisa alguma; só aspirava a ficar no leito inerte. Sem alimentar-se adequadamente, seu estado agravava-se.

Yaropolk, ignorando o estado de seu pai, ofereceu em homenagem a Vladimir um rico banquete.

A partir dessa noite, o homenageado relegou a plano secundário sua colaboração nos atendimentos assistenciais de Dobrynya, não obstante, reiteradamente advertido pelo tio de que estava em um caminho equivocado.

A aproximação entre os rapazes era sutilmente explorada pelos adversários espirituais.

Aproveitando-se da fragilidade dos dois jovens, amplificaram o desejo de ambos para os excessos nos programas libertinos.

A bebida lhes alterava o comportamento, destravando as vozes e os instintos, levando-os às situações ridículas, comprometedoras e até perigosas.

Dobrynya empenhava-se, inutilmente, em socorrer o sobrinho.

Os rapazes desapareciam por noites e noites, ignorando advertências e cuidados.

***

Malusha, advertida por generosos amigos espirituais, partiu para Kiev, coração apertado, preocupada com o filho.

Logo à chegada, foi informada sobre o estado de Sviatoslav.

Ardia em febre. A fraqueza o retinha no leito há semanas. Dobrynya e os médicos da corte desdobravam-se em cuidados em torno dele. Não obstante, seu estado agravara-se. Temia-se pelo pior.

Malusha logo acorreu ao palácio. Milly a recebeu calorosamente.

— Ah, Malusha! Que saudades! Seja bem-vinda! Veio em boa hora!

— E Sviatoslav?

— Não está bem. A febre não cessa. Ele não reage. Sei o quanto está ansiosa para vê-lo. Todavia, antes disso, devo dizer-lhe que recebi a visita da senhora Olga. Disse-me algumas coisas...

— Que bom, Milly! A senhora Olga nos protege a todos.

— Recorda-se de Mikhail?

— Claro! O rapaz a quem você amou na juventude, que se revoltou com a oposição de seus pais e o matrimônio imposto. E que nem mesmo sabe se está vivo.

— Pois bem... Ele está vivo e bem próximo. Há anos consagrou-se ao serviço militar de nossas terras. Ocupou o posto, recebeu inúmeras honrarias, chegou ao comando das tropas. Manteve-se próximo ao nosso núcleo doméstico sem que eu soubesse de sua presença.

— Entendo bem a postura dele. É o que ocorre comigo.

— A senhora Olga aconselhou-me a revelar a Sviatoslav um segredo que guardo comigo, a fim de evitar complicações futuras. É chegada a hora da verdade. E algo me diz que essa orientação estende-se a você. Para ser mais clara, refiro-me a revelar a verdade sobre a paternidade de Vladimir.

— Como soube disso? Dobrynya?

— Não, minha querida, é tudo óbvio.

— Sim, tem razão. Vladimir é filho de Sviatoslav. E foi por isso que eu vim, Milly. Mesmo arriscando a minha vida e a de meu filho, vou revelar-lhe sobre a paternidade. Não sei se ele me perdoará. E quanto a Mikhail? Como ele conseguiu estar aqui no palácio sem ser reconhecido por você?

— Sviatoslav o havia recrutado para o treinamento militar de Yaropolk. Nosso filho, por sua vez, carente da atenção paterna, apegou-se a ele. Mikhail empenhava-se por não fazer nada que me comprometesse. Sempre manteve-se à distância. Confesso, jamais poderia imaginar que ele estivesse tão próximo.

— Milly, se preferir não falar...

— Preciso desabafar, Malusha. Por favor, escute-me, é importante!

— Tudo bem.

— Nesse tempo, Yaropolk com tão pouca idade, mostrava-se entusiasmado com o treinamento. Um dia resolvi fazer-lhe uma surpresa, comparecendo aos campos de treino. Só então percebi que seu mentor era Mikhail. O meu Mikhail! Fiquei abismada, minhas pernas tremiam, quase desfaleci!

— Entendo.

— Yaropolk apresentou-nos, fingimos não nos conhecer. Solicitei que levassem meu filho e nos deixassem a sós. Necessitava saber suas reais pretensões, como assumira aquele posto, enfim, questionei-o de todas as formas. Ele confessou que fora a única maneira de aproximar-se, apenas para ficar perto de mim.

— Isso é amor, Milly!

— Contou-me que na época em que nos separamos, fugiu para escapar de perseguições. Abalado, pensou em matar-se. Chegou a tentar, mas felizmente não consumou seu desejo. No dia em que nos reencontramos implorei-lhe que deixasse Kiev, temerosa por sua segurança. Alegou que não poderia retornar ao nosso território de origem, pois lá meu pai o mataria. Desde então, demonstra enorme carinho por Yaropolk.

— Ah, Milly, quantos problemas! Eu sinto muito.

— E tudo não parou por aí, Malusha! Esse encontro foi como uma faísca alastrando impulsos em nossos corações, acendendo imensas labaredas em nossas vidas. As mudanças eram tantas... Eu estava casada, com um filho, contudo, ao mesmo tempo, aquela sensação estranha de que nada em meu íntimo havia se modificado diante dele. O fato foi que, não obstante ter evitado, fraquejamos. Sim! Sviatoslav permanecia afastado há meses, éramos praticamente como dois irmãos, e submeti-me a tudo, uma vez que realmente senti-me enlouquecer de amor por Mikhail. Por fim, o deslize, e engravidei.

— Mas, então, está dizendo que o seu segundo filho, Oleg, é filho de Mikhail?

— Exatamente! Quando Sviatoslav regressou a Kiev, fora tal a minha vergonha, tal a dor de meu coração que pensei em contar-lhe toda a verdade. Ele deve desconfiar, ou melhor, tem certeza de que o filho não é dele, contudo tem me poupado por todo esse tempo, assumindo a paternidade sem nada questionar.

— Meu Deus, Milly, que confusão! Quantas contradições em nossas vidas!

— Tenho pensado ultimamente em nossa separação. A melhor saída seria ver Sviatoslav feliz ao seu lado, minha querida.

Malusha esboçou um sorriso.

— Acredito que o nosso tempo de construir uma vida juntos se foi, embora o sentimento continue o mesmo. Amo-o como sempre. Entretanto, há algo maior que tudo isso, Milly. Somos espíritos ligados pela afinidade de almas com uma tarefa a ser realizada. Não foi ao acaso que a vida nos reuniu. Concorda?

— Eu e você devemos a verdade a ele!

— Confesso que foi para isso que eu vim. Quando possível devo inteirá-lo de tudo, é uma promessa. Tenho receio de que não me perdoe. Todavia, agora suplico-lhe, preciso vê-lo, por favor, Milly.

Milly conduziu Malusha ao aposento onde o soberano se mantinha recolhido.

Contendo a emoção, aproximou-se. Sviatoslav queimava em febre. Ela o acariciou com indefinível ternura.

Entregando-se à oração, sentiu a presença dos benfeitores espirituais, enquanto fluíam dela energias benfazejas que o envolviam.

Logo após, sentou-se numa cadeira de encosto alto, ao fundo do aposento e, fatigada adormeceu.

Milly permaneceu ao lado do leito.

Com o passar das horas, a febre desapareceu.

Pela manhã, Sviatoslav acordou. Queixava-se de fome, reclamando que trocassem as roupas do leito, repreendendo suavemente Milly que tocava sem cessar suas faces...

Nada lembrava os delírios da enfermidade. Tentando levantar do leito, disse:

— Creio que devo ter dormido além da conta. Por quantas semanas ou meses estou aqui?

— Não se preocupe com o tempo que passou, está tudo bem agora, Sviatoslav — respondeu Milly.

E sorrindo…

— Tenho uma surpresa: Malusha está aqui.

A visitante aproximou-se.

Procurando disfarçar a intensa emoção que o tomou, ele comentou jocoso:

— Ao menos a minha enfermidade valeu para alguma coisa.

Capítulo 14

Dois dias transcorreram.

Malusha, que dormia tranquilamente em um quarto de hóspedes do palácio, despertou ao som de encantadora melodia. Deixando o leito, ficou confusa quando viu a si mesma na cama a dormir.

Maior foi sua surpresa quando deparou com Olga Prekrasna:

— Senhora, que bom vê-la!

E logo, deixando-se dominar por terrível pensamento, perguntou angustiada:

— Sua presença significa que levará Sviatoslav? A senhora veio buscá-lo?

— Não, querida, tranquilize-se. Ele vai se recuperar. Quero pedir-lhe que aproveite a fragilidade atual dele, que o torna receptivo, para despertá-lo em relação aos assuntos espirituais. Ele precisa entender nossa condição de espíritos sempre em trânsito pela carne, em múltiplas existências.

— Entendo… Sinto que tenho uma ligação forte com Sviatoslav que vem de outras vidas. Há vagas lembranças a respeito, mas por que tudo é tão nebuloso?

— O esquecimento faculta ao espírito a oportunidade de recomeçar sem a lembrança de erros e desafetos do passado. Para a maioria, o conhecimento do que já foram e do que fizeram, bem como do mal que sofreram, somente serviria para inviabilizar importantes oportunidades de edificação. Seria muito difícil conviver em uma mesma família com alguém que nos fez um grande mal... Reencarnar é, sobretudo, recomeçar, e recomeçar sem a lembrança do passado para que não nos perturbemos com erros e situações escabrosas que vivenciamos.

Despedindo-se, Olga reiterou:

— Lembre-se de que é preciso despertar meu filho para os assuntos espirituais, a fim de que ele cumpra a missão de converter nosso povo ao Evangelho.

Pouco depois, Malusha acordava com a nítida lembrança daquele encontro maravilhoso e consciente do que lhe competia fazer.

***

Sviatoslav recuperava-se rapidamente, embora permanecesse acamado.

Dias depois de sua chegada, Malusha pode falar com ele mais à vontade e, embora nervosa e preocupada, revelou-lhe que Vladimir era seu filho.

Sviatoslav, mais do que revoltado, revelou-se magoado.

— Por que me enganou, Malusha? Por que não confiou em mim? Tínhamos feito tantos projetos... E você jurou-me amor eterno!

— Perdoe-me, Sviatoslav. Jamais pretendi magoá-lo. Desesperei-me. Você sabe o que se costuma fazer nestas circunstâncias. Fiquei com medo do que fariam com meu filho. E no mais, devo educá-lo à luz do cristianismo que você não aceita.

— Ah, Malusha! Não esperava tal deslealdade logo de você em quem tanto confiei!

— Eu sei, e entenderei se jamais vier a perdoar-me, Sviatoslav. Tentei educá-lo a meu modo, mas saiba que o sentimento de culpa me acompanhava por separar um filho de seu pai.

— Todo um povo confiando em mim e logo você a revelar desconfiança? Jamais eu deixaria que algo fosse feito contra um filho nosso! Já sei! As vozes! Confiou nelas e não em mim! Abomino essas vozes!

— Não, Sviatoslav. Não se trata das vozes. Pelo contrário! A responsabilidade dessa decisão foi exclusivamente minha. As horas longe de você foram muito difíceis. Uma força maior sustentou-me. E saiba que sua mãe interveio, solicitou que aqui eu voltasse. Ainda agora está conosco. Alegro-me por esta chance de revelar-lhe a verdade, pois sofro muito com tudo isso.

— Conheço sua alma, Malusha. Tenho consciência do quanto eu igualmente fui fraco. Aceitei as convenções do mundo. Poderia ter lutado. Mas, fiz bem pouco pela nossa felicidade. Não posso exigir de você a coragem que não exercitei.

Malusha não conseguia evitar as lágrimas, que insistiam em aflorar. Não obstante, sentia-se aliviada afirmando:

— Procurei fazer o que supus ser o melhor para o bem de todos. Sou grata a Deus por haver me colocado ao lado de Dobrynya, que foi para mim mais um pai do que um irmão. Quanto a você, sempre tive consciência de sua tarefa à frente desse principado e sei o quanto sua luta tem sido exaustiva. Imaginei que não podendo me aproximar, eu deveria tentar seguir a vida, sem comprometê-lo. Entretanto, sempre pensando em você, encontrando forças na esperança de um reencontro. Sempre e sempre, meu querido!

— E casou-se com outro...

— Não, eu nunca me casei. Somente tentei proteger-me e amparar nosso filho.

— Quem é aquele de quem Vladimir falou-me?

— Um protetor. Jamais compartilhamos intimidade alguma. Karven tem sido um valoroso benfeitor em nossas vidas.

— Quanta ventura! E quanta desventura! Ascendi ao trono, casei-me com a mulher adequada às exigências de minha posição real, tive herdeiros. Contudo, jamais fui feliz, pois nunca a esqueci.

— O tempo cura as feridas, não é assim que Dobrynya diz? E hoje, graças a Deus, a verdade liberta-nos, Sviatoslav.

No fundo ele estava feliz. Finalmente a tinha de volta.

— Cuidarei de você e de Vladimir. Vamos reparar o passado. Confie em mim.

— Minha alma sempre foi e continuará sendo fiel a você. Contudo, há algo maior, meu querido. Como dizem as vozes, perante Jesus somos extensos campos, incultos e profundos, mas férteis na essência. Ele nos aguarda para a sementeira divina, pois muitos deverão conhecê-lo por nosso intermédio.

— Você insiste na conversão...

— O Evangelho nos traz o equilíbrio, Sviatoslav. Deus tem caminhos realmente surpreendentes. Desconhecemos os projetos espirituais por trás das situações. Todavia, não tenho dúvida de que fomos colocados onde devemos prosperar. Apenas diga-me que me perdoa de todo coração, meu querido. Liberte-me desta angústia.

— Não há o que perdoar. O amor que sinto por você compensa todos os dissabores e tristezas. Também são suas todas as glórias a mim atribuídas pela unificação de povos, pois foi tentando preencher o imenso vazio que sua ausência deixou em meu coração, que me dediquei a esse ideal. Tudo o que desejo agora é que você aceite a convivência comigo em um lar verdadeiro e que neste império seja ao meu lado a soberana.

— Descanse, Sviatoslav. Não é o momento. Peço-lhe novamente perdão por não responder afirmativamente ainda. Creia, tudo o que fiz foi rogar aos céus por sua felicidade. Eu o amo. Entretanto, tenho responsabilidade para com o nosso Vladimir e tenho sido constantemente lembrada disso por amigos espirituais. Talvez, em outras eras, rejeitei-o, empurrei-o de forma inconsequente para a degradação moral. Agora necessito reconduzi-lo ao caminho reto.

Diferente de outras vezes, Sviatoslav demonstrava considerar as ponderações de Malusha.

O *cair em si* do soberano o ajudou a compreender a extensão de suas responsabilidades, estreitando os laços entre ambos.

Abraçaram-se emocionados.

Capítulo 15

Sviatoslav dormiu tranquilamente.

Acordou pela manhã reconfortado e bem-disposto, como desde muito não se sentia. Decidiu que era preciso tomar algumas providências, regularizando determinadas situações.

Horas depois, reuniu-se com os responsáveis pela redação dos documentos oficiais do principado para registrar suas decisões.

Estava tranquilo, demonstrando estar superando os problemas pessoais e do principado.

Posteriormente, conversaria com os filhos, com Milly e com Malusha sobre as medidas tomadas favorecendo especialmente Vladimir.

Por hora, manteria sigilo, nada comentando, pois dentre os desafetos que existiam no principado alguns eram gratuitos, inspirados no despeito e na inveja.

Agia com cautela, buscando evitar que os outros filhos se sentissem preteridos.

***

Estreitava-se a afinidade entre Yaropolk e Vladimir, sob a influência de forças poderosas, empenhadas em projetos de vingança. Ambos eram envolvidos nas urdidoras das sombras, a comprometê-los física e moralmente na dissipação de noitadas alegres.

Eram joguetes das companhias invisíveis que os induziam aos excessos e desequilíbrios.

O principal objetivo era desviá-los da rota traçada na espiritualidade para impedir a possível adesão aos princípios cristãos.

Desde o berço, esses espíritos perturbadores vincularam-se psiquicamente a Yaropolk, submetendo-o a uma infância atormentada.

Milly, como mãe dedicada não se descuidara, principalmente desse filho, dando a ele uma educação repleta de amor e paciência. Desdobrara-se em cuidados, trabalhando sempre para que ele tivesse saúde e encontrasse o equilíbrio e a paz.

Contribuíam, infelizmente, para seus desequilíbrios a rebeldia e a insensatez.

Sonhava ser o sucessor para comandar, criar estratégias de conquista e se fazer obedecido e temido. Enrijecido pelos hábitos doentios e comportamento extravagante, não conseguira ajustar-se ao apoio dos benfeitores espirituais. Por afinidade, mantinha-se mais ligado aos seus obsessores, a estimularem seus desvios e a conturbação do ambiente em que vivia.

Vladimir, de início, sob a orientação da mãe e do tio, dedicado às atividades assistenciais, era inacessível àquelas influências. Agora, porém, com as atitudes reprováveis dos últimos tempos, a situação evoluíra desfavoravelmente.

Os perseguidores espirituais exploravam as fraquezas de ambos, induzindo-os à rebeldia. Servos das sensações, continuavam entregando-se aos prazeres vulgares regados ao álcool, afastando-se de suas responsabilidades.

Dobrynya acompanhava com tristeza os acontecimentos. Percebia a mudança de comportamento de Vladimir.

Com carinho e vigilante como sempre, orientava o sobrinho, alertando-o sobre seus desvios, sem nada conseguir.

Os ardilosos agentes das sombras trataram de gerar em Vladimir acentuada antipatia por aquele que anteriormente idolatrava: Sviatoslav.

O mesmo faziam com Yaropolk, infiltrando-se em seus pensamentos:

— O que há? Não tem orgulho próprio? Não vê que seu pai não respeita os seus sentimentos? Ele não confia em você. É hora de dar um basta! É preciso conquistar o seu espaço. Onde está a sua coragem? É ou não o futuro soberano dessas terras?

E com Vladimir:

— Vigie Sviatoslav. Ele não é o que você pensa. Observe que seu amigo fala a verdade sobre seu comportamento tirânico.

***

Percebendo que a situação se agravava, pondo a perder os projetos espirituais de instalação do cristianismo no país, Olga depois de orientar-se junto aos mentores espirituais, aproveitou a sensibilidade mediúnica de Malusha num momento em que ela e Dobrynya oravam, manifestou-se por seu intermédio, pela palavra articulada:

— Dobrynya, não estranhe nem se surpreenda diante das lições que a vida nos apresenta. Vladimir reencarnou com compromissos importantes e foi bem orientado por você em relação à moral cristã. Infelizmente, ainda não se libertou de algumas fraquezas, desviando-se. Não obstante seus méritos decorrentes dos serviços de assistência ao próximo, dos quais participou desde a adolescência, ele permitiu que tendências negativas viessem à tona, favorecendo a influência de espíritos que pretendem afastá-lo de suas responsabilidades. Eles sabem explorar as fraquezas dos seres humanos.

— Tenho tentado ajudar, Olga, mas vejo meu sobrinho numa verdadeira tempestade de fluidos perniciosos. O que podemos fazer?

— Pergunte-lhe se deseja falar comigo, por intermédio de Malusha. Se ele consentir, traga-o, neste mesmo horário, amanhã.

***

A perseguição dos irmãos ignorantes se fizera amainada em face da ação de Olga em favor de Vladimir.

Reconheceram a necessidade de uma trégua, afrouxando o cerco, aguardando o momento oportuno para desfechar o golpe sorrateiro em favor de seus planos infelizes.

O jovem, sensibilizado depois de noites de insônia, aceitou a terapia fluídica proposta por seu tio, ensejando a possibilidade de conversar com Olga.

À hora aprazada, Dobrynya e Malusha reuniram-se em seu casebre e convidaram Vladimir a fechar os olhos, dispondo-se à prece e ao passe reconfortante.

Jatos de claridade partiam das mãos estendidas de Dobrynya, a envolver beneficamente Vladimir, terminando por dizer-lhe:

— Filho, Olga está presente. Deseja falar-lhe.

Em pouco tempo, Malusha transmitia a manifestação.

— Vladimir, meu querido. Abençoado seja! Reafirmo o quanto o amo e o amarei sempre. Somos viajores do tempo, em várias estâncias de atividade. Pelos séculos afora você tem se deixado arrastar a graves desvios. Hoje surge uma oportunidade abençoada que não deve perder. Haverá muitas batalhas a enfrentar, em lutas que se arrastarão por longo período.

Vladimir, demonstrando profundo respeito, com a cabeça baixa perguntou:

— A que se refere, senhora?

— O nosso núcleo está comprometido com a missão de introduzir o cristianismo em nossas terras. Não há caminho para o Evangelho sem amarguras e sacrifícios, Vladimir. Você esteve até pouco tempo na trilha planejada. No entanto, nos últimos tempos está deixando-se envolver por desvios perigosos. Acorde, meu filho! Desperte enquanto é tempo! Não dê vazão aos sentimentos inferiores. Foi lhe concedida abençoada oportunidade de vencer as más inclinações e burilar as potencialidades superiores. Este é o grande desafio que deverá vencer para cumprir seu destino.

— Não sei a que tarefa se refere, nem se darei conta. Sinto-me atormentado, agoniado, sem forças, até subjugado. São muitas as tentações no palácio. Eu desejava voltar a ser como era. Sinto-me desequilibrado, sem ânimo e na verdade nem consigo explicar o que se passa comigo.

Olga desejando encorajar o neto prosseguiu:

— Retome o serviço do bem junto de seu tio e de sua mãe, que se consagram à sementeira dos princípios de Jesus. Você é portador de recursos espirituais abençoados suficientes para cumprir sua missão. Receberá uma revelação que mudará o seu trajeto nesta experiência terrena. Fique atento! Sob a direção de uma vontade firme, saberá o que fazer, pois estaremos em vigília a guiá-lo, se permitir.

— Permitir?

— Sim! Não podemos, mesmo em favor do bem maior, contrariar suas escolhas do presente, forçando o seu caminho de volta para a trilha anteriormente escolhida. Contudo, recursos poderosos de contenção do mal poderão ser mobilizados em seu favor se persistir no esforço do bem. Ore! Confie! Conte conosco! Deus o abençoe.

Olga silenciou, retirando-se.

Conforme esperado, a aproximação espiritual de Olga e suas orientações fizeram Vladimir despertar. A intercessão foi fundamental para que o rapaz caísse em si e entendesse que, para proteger-se do assédio espiritual que o atingia, seria essencial retornar às suas responsabilidades de trabalho junto ao tio e à sua mãe.

Seria o escudo infalível!

***

Vladimir teve várias experiências durante o sono, recebendo referências quanto às suas responsabilidades em relação ao cristianismo.

Ficavam pálidas lembranças que ele imaginava pertencerem ao mundo dos sonhos, mas que haveriam de influenciá-lo em suas decisões.

Capítulo 16

Sviatoslav informou Yaropolk quanto às diretrizes sucessórias do principado. Revelou-lhe sobre a paternidade de Vladimir, comunicando-lhe que outorgara poderes aos três filhos, cada qual com extensos territórios de que se responsabilizariam na ausência paterna.

Yaropolk, aturdido, não saberia dizer se sentia-se feliz por seu amigo ser na verdade seu irmão, ou se deveria vê-lo como um indesejável concorrente. Revoltou-se, favorecendo a ação dos inimigos espirituais, que aumentaram o cerco em torno dele e dos familiares.

Em região densa, o líder das trevas rodeado por inúmeros correligionários expressava-se esbravejando:

— Maldito soberano! Eleger Vladimir com os mesmos direitos, como se o rapaz não fosse um bastardo! O que ele pensa que está fazendo?

Após o surto de indignação, prosseguiu mais calmo:

— Fomos apanhados de surpresa, mas temos um trunfo. Yaropolk está revoltado e insatisfeito, facilitando nossa atuação. Exploraremos com mais afinco as suas tendências inferiores, fazendo-os sentir que é o único herdeiro. Ele está profundamente decepcionado com o pai! O plano está habilmente esquematizado. Ele será nosso instrumento para fazer desmoronar os programas da luz.

Estimulado pelas companhias invisíveis, Yaropolk entregava-se ao desvairamento. Suas noites eram marcadas pelo desregramento no álcool e no sexo.

Regozijava-se o líder das trevas:

— Com esse aí, as nossas ideias estão se assentando! O rapaz é caprichoso! Pretende ascender ao trono. Considera-se inabalável, inteligente e sagaz. É fácil envolvê-lo! Orgulhoso, perde-se na ociosidade, sente-se injustiçado, rebela-se. Em breve, haverá uma grande chance. Já temos a pessoa adequada, eleita, que abrirá a porta para o escarcéu.

***

Numa de suas habituais incursões pelos domínios do desatino, Yaropolk compareceu à uma casa de prostituição.

A mesa farta, as músicas lascivas, o abuso do álcool, as companhias instigantes envolveram-no inteiramente.

No luxuoso salão, mulheres belíssimas espraiavam volúpia e atraíam a clientela. Uma sedutora jovem de olhar envolvente espalhava sensualidade, fascinando a todos, mas centralizava seu interesse no herdeiro do trono.

Os casais, após encontros e danças, incentivados pelo efeito das bebidas e despertados pelo desejo, se dirigiam a um corredor que os conduzia aos aposentos internos da taberna, imantados por entidades espirituais lascivas.

Assim aconteceu com Yaropolk e a jovem. À medida que se fartavam de sensualidade, desencarnados os sugavam, quais parasitas das sombras.

O casal tornou-se íntimo rapidamente, enquanto astutamente a jovem o manipulava, empolgada por suas ambições.

Yaropolk dormiu no prostíbulo. Pela manhã estava prostrado em face dos excessos.

Alguém o procurou. Era Vladimir, que preocupado com o amigo, o procurava onde estivera com ele inúmeras vezes.

A jovem acompanhante tentava acordá-lo.

— Já amanheceu, levante-se! O seu amigo veio buscá-lo.

— Que amigo? Eu não tenho amigos! Minha cabeça não para de rodar... Deixe-me em paz.

Foi ríspido ao encontrar Vladimir, que o questionou:

— Qual a razão de todo esse mau humor, Yaropolk?

— Estou com uma terrível dor de cabeça. Não me aborreça.

— Está nervoso. Isso só faz piorar o seu mal-estar. Venha comigo. Depois que repousar um pouco, acordará melhor. Posteriormente, o levarei ao palácio.

— Não se atreva a meter-se em minha vida.

Aproveitando-se da revolta e do entorpecimento pelo álcool, os adversários do invisível concentraram nele pesadas emanações fluídicas, ampliando seu desajuste.

Comportando-se de forma grosseira, Yaropolk fez pesadas acusações a Sviatoslav.

Vladimir cauteloso tentou defender o soberano. Foi a gota d'água! Yaropolk o agrediu verbalmente e depois fisicamente. A jovem, que tudo testemunhava, aproximou-se para apartá-los.

Yaropolk empurrou-a bruscamente:

— Afaste-se, vadia!

A jovem abaixou a cabeça.

Vladimir o repreendeu cauteloso.

— Calma, meu amigo, calma...

Yaropolk exasperou-se ainda mais.

— Não interfira em um assunto que não lhe pertence! Eu odeio meu pai, odeio minha mãe, e, sobretudo, odeio você!

— Esfrie os miolos! Deveria agradecer por ter um pai. Não sabe o que é não ter um.

— Será que não? Ou também vive num emaranhado de mentiras? Ah! Deixe para lá... Afaste-se! O que vou fazer agora não é de sua conta!

— Meu caro, sinceramente, eu não sei o que o deixou neste estado. Se eu fiz algo que o aborreceu, esclareça, pois desconheço. Não dê ouvido a boatos. Você bebeu demais. Deixe-me então, ao menos, acompanhá-lo.

— Não sou seu amigo e não desejo sua companhia. Saia de meu caminho. Suma de minha vida, e cuide da sua, seu bastardo!

E saiu.

Vladimir não se sentiu ofendido com as palavras de Yaropolk, dando a elas o devido desconto, considerando seu lamentável estado. No entanto, fixou-se em algumas expressões:

Bastardo? Emaranhado de mentiras? O que ele quis dizer?

***

O pior estava por vir.

Guiado por seus obsessores, sem mesmo atinar quanto ao rumo que tomara, Yaropolk viu um vulto feminino que deixava a modesta residência.

Surpreendeu-se. Era Milly!

Em seguida saiu Mikhail, o seu instrutor.

As lágrimas apareceram sem que conseguisse controlá-las. Sentiu-se mal, súbita vertigem. Com o semblante alterado, sentou-se. Não era possível! Sua mãe e Mikhail! Imóvel, esforçando-se por não se denunciar, sentiu-se atraiçoado, o momento foi de desalento e seu desejo foi antes de tudo chorar.

Como pôde minha mãe tão terna, tão devota a Deus, desgraçar nossa família? E os bons princípios? Tudo mentira! E Mikhail? Por que agiu de forma tão leviana? Justo ele que eu venerava como a um pai? Sedutor desgraçado! Apunhalou-me! Sem suportar o horror daquela situação, pensou em pôr termo à própria existência. Entidades desencarnadas manipulavam os pensamentos de Yaropolk, plantando nele a falsa ideia de que o suicídio seria a solução para seu desespero.

E tal qual hipnotizado, com certa justaposição do agente ignorante, como se houvesse uma quase fusão entre eles, Yaropolk entrou no casebre e enrolou a ponta da corda no pescoço, buscando atar a outra ponta no teto.

Estava prestes a cometer a insanidade, quando entrou Mikhail, que retornara movido por forte impulso que não saberia definir, mas era fruto da influência de benfeitores espirituais que o traziam de volta para evitar a tragédia.

Penosamente surpreendido, aproximou-se e agarrando-se a Yaropolk, tirou-lhe a corda.

O rapaz em desvario bradava:

— Desgraçado! Arrastou minha mãe à queda... E ela? Não mais a reconheço. Vai pagar caro por esta desonra! Eu sei, só pode ser — sou seu filho, não é isso? Por isso, meu pai despreza-me! Sou um bastardo! Agora posso entender as atitudes dele! Se fosse comigo, também odiaria um filho do adultério! Será decapitado!

— Acalme-se, Yaropolk. Não vou negar o quanto gostaria de ser seu pai, mas não sou. Quando você foi concebido eu estava bem longe. E antes de falar de sua mãe, tome cuidado, pois não conhece a realidade dos fatos. Ela é uma pessoa de grande valor, que assim como seu pai, foi vítima das circunstâncias. Tudo será esclarecido. Acalme-se. Você saberá de toda a verdade.

— Acalmar-me? Para quê? Você nos desgraçou!

— Yaropolk, eu conheci sua mãe bem antes do que imagina. Fomos impedidos por motivos outros, que prevaleceram sobre o desejo de partilharmos nossas vidas. Estivemos separados por longo tempo. A união dela com seu pai foi realizada segundo os interesses do Estado, não do coração.

— E o que isso muda?

— Escute, Yaropolk. Da união de seus pais, nasceu você, o primogênito. Sempre foi amado, embora, fruto de um consórcio coagido. Seus pais o prepararam honradamente para um futuro brilhante. Há circunstâncias difíceis. Somos humanos.

— Como tem coragem de dizer-me tal coisa, assim? Nada justifica o que eu vi! Compreender o quê? O seu caráter? A sua índole de sedutor? O que espera que eu compreenda? O que espera que meu pai faça? Será destituído e enforcado!

— Respeitarei e cumprirei as decisões de meu soberano. Não tenho o direito de revelar-lhe nada. Sei que é difícil, mas acredite, seu pai dará as devidas explicações do que se passa em torno de nossas vidas. Não há discórdias entre nós. Vamos ao chalé de Dobrynya. Escute seus pais, depois julgue.

— Revolta-me esta desconcertante surpresa que me reservaram. Sempre o tive como um homem honesto e bom. Em minhas ingênuas ânsias julguei que seria um pai perfeito. Afaste-se!

— Está bem. Vamos agora!

***

Yaropolk foi atendido por Dobrynya em terapia fluídica, aplicada mediante imposição das mãos. Após o socorro, Mikhail tentava esclarecê-lo, mas ele questionava:

— Se meu pai consentiu tal situação, por que não me contaram? Convivi com a triste imagem de minha mãe, olhos constantemente vermelhos de tanto chorar. Eu o culpava. Exasperava-me vê-la triste, mas agora...

— Embora sinta grande vontade de ajudar você, não tenho o direito de adiantar nenhuma informação. Seu pai com certeza fará isso quando achar oportuno.

— Meu pai é o soberano. Temos o governo, o poder e a riqueza... No entanto, todos somos infelizes! Por quê?

— As respostas que me pede as terá no tempo devido. Tudo será esclarecido.

— Não desejo mais ter minha vida subordinada às questões de Estado em que mentiras são justificativas para tudo...

— Tenho a certeza de que depois que você pesar todos os fatos, haverá de compreender!

Capítulo 17

Pela manhã Milly procurou Malusha.

— Tive uma noite péssima.

Malusha tinha conhecimento do que acontecera no dia anterior:

— Sinto muito, Milly.

— Estou abalada. Sinto intensa influência de sombras que certamente atuaram sobre a fragilidade de Yaropolk. Eu não me perdoaria. Imagine? Ele atentou contra a própria vida!

— Concordo com você. Valendo-se de nossas fraquezas, adversários espirituais vêm nos utilizando com objetivos perversos. O fato é que devemos a nossos filhos, e principalmente a Sviatoslav, a verdade. E ele? Já soube do acontecido?

— Pai e filho não estão se entendendo. Logo cedo Sviatoslav saiu. Disse que se ausentaria por alguns dias com o fim de dar continuidade a algumas providências já em curso. Meu filho saiu revoltado. Não retornou à noite. Não dei importância, pois sua ausência noturna é frequente. O resto você já sabe...

— O pior já passou, Milly. Revelaremos a Vladimir a sua origem. Estou esperando o retorno de Sviatoslav para fazermos juntos.

— Concordo. E quanto ao futuro? O que você fará? Acredito que a condição de Mikhail e eu, de certa forma, até justificou o desejo de Sviatoslav de achar meios oficiais para compartilhar o resto dos dias ao seu lado. São palavras dele, e eu acho justo, Malusha! Ele perguntou se eu sabia algo sobre o seu relacionamento com Karven.

— Karven tem a minha estima verdadeira. Foi um protetor, verdadeiro pai para meu filho. Eu já mencionei o fato a Sviatoslav, não sei por que ele insiste.

— É ciúme. Deveria mudar-se em definitivo para cá.

— Vou até o povoado informar-me sobre os últimos acontecimentos e providenciarei minha transferência. Sou grata por tudo o que Karven fez por mim e por meu filho. Devo a ele uma explicação.

— Tudo há de acabar bem. Vamos confiar.

As duas não perceberam que Vladimir chegara mansamente e ao perceber do que se tratava, ocultou-se. Estarrecido, escutou a revelação. Perplexo e confuso procurou Yaropolk. Os dois irmãos, na mesma sintonia mental, se sentiam traídos e comentavam entre eles os fatos, o que amplificava neles a revolta por terem sido enganados.

Nesse momento, espíritos mal-intencionados confabulavam. O líder perverso tocou o chão com um bastão que representava o poder que detinha e, imponente, proclamou:

— Excelente oportunidade! Dois revoltados influindo com seus pensamentos em desordem, um no outro. Com pequena interferência nossa, implantando neles mais algumas ideias autodestrutivas, estará pronto nosso trabalho!

Horas depois, os rapazes apanharam mínimos pertences e desapareceram.

Ninguém soube do paradeiro deles.

Por vários dias, grupos especialmente formados para esse fim, vasculharam a cidade, bem como as aldeias vizinhas, sem encontrá-los. Pareciam simplesmente terem desaparecido no ar.

***

Em Kiev, Mikhail procurou Milly.

Seu desejo era resolver a situação de ambos.

Ela pediu-lhe paciência e, receosa, não teve coragem de revelar ao amado o principal motivo de sua apreensão, o segredo que carregava sobre Oleg ser filho dele.

Em seguida, procurou Malusha, expondo-lhe suas preocupações com o desaparecimento dos rapazes.

Malusha procurou acalmá-la:

— Dobrynya localizou onde estão. Assim que Sviatoslav retornar, o levará até eles.

— Não é só essa a minha preocupação. Mikhail procurou-me, quer que eu decida sobre o nosso futuro. Não tive coragem de revelar-lhe sobre a paternidade de Oleg. Antes de tudo, devo saber o posicionamento de Sviatoslav.

— Concordo. É preciso esclarecer tudo.

— Sviatoslav disse que você o tem evitado, Malusha.

— É apenas até resolver nossas pendências. É preciso agir com prudência.

Despediram-se, ambas preocupadas com o rumo dos acontecimentos.

***

No mesmo dia, Sviatoslav regressou, inteirando-se dos acontecimentos.

Juntos, Dobrynya e ele demandaram a gruta onde os rapazes estavam. Ao chegarem, Yaropolk abraçou o pai calorosamente:

— Perdão, meu pai, por tantas atitudes insensatas. Sei que tenho errado, meu desvario poderia ter acabado numa tragédia. Em certos momentos, sinto-me dominado por torpes ideias que sinto não serem minhas.

— Já está superado e resta tomar outro caminho. O mais importante é que estamos em um novo tempo. Temos muito que conversar.

Sviatoslav dirigiu-se a Vladimir.

— Quanto a você, Vladimir, obrigado por ter permanecido com Yaropolk, dando a ele o seu apoio. Prepare-se, pois nossa conversa também será longa.

Embora as circunstâncias não fossem ideais, Sviatoslav procurou colocar os jovens a par do que estava acontecendo e do que pretendia fazer.

Após reportar os problemas envolvendo seu casamento de conveniência, fez a revelação: Vladimir era seu filho.

Vladimir emocionado via chegar ao fim sua angústia de não conhecer o pai. Entendia agora por que sua mãe era tão reticente em relação ao assunto.

Sviatoslav concluiu:

— Por fim, devo dizer-lhes que tomei algumas providências quanto ao principado, que conhecerão quando forem comunicadas oficialmente, mas somente com a presença também de Oleg. Esse passo será significativo e não desconheço que surgirão imensos desafios. As nossas vidas tomarão novos rumos. Retornemos ao palácio.

Vladimir acanhado perguntou:

— Como devo chamá-lo?

— Pai, somente pai...

— Pai... Será um pouco difícil acostumar-me à ideia de que tenho pai e irmãos, porém sempre senti que laços afetivos nos uniam.

Sviatoslav falou emocionado:

— Precisamos aproveitar as oportunidades que o destino nos concedeu. Tenho orgulho de tê-lo como filho, Vladimir. Com o sofrimento, eu aprendi diversas lições. Dentre elas, que o amor está acima das convenções.

Após uma breve pausa, concluiu:

— Quanto a você, Yaropolk, saiba que sua mãe e eu fomos atirados a um casamento imposto por interesses de Estado. Não obstante, tenho grande respeito e amizade por Milly e ambos somos gratos pelos bons frutos dessa união, meu filho.

— Pai — disse Yaropolk —, o senhor tem também o meu apoio e admiração. Peço que me perdoe por ter feito tantos julgamentos precipitados a seu respeito. Fui egoísta. Jamais poderia imaginar a razão de suas amarguras. Via-o cada dia mais descontente da vida e distante de todos.

— Teremos ainda um longo tempo para desfrutar de nossas vidas, felizes e, sobretudo, unidos.

Após esta aproximação familiar, os espíritos perturbadores não mais encontraram ambiente propício para suas maquinações.

***

Em uma manhã radiosa, Vladimir encontrava-se pelas imediações da praça principal.

A bela jovem, visitante chegada ao principado, constituía intrigante desafio para o rol de suas conquistas.

Ela denotava nos detalhes de suas vestimentas, bem como no seu agir, os sinais de sua origem nobre. Seus mínimos gestos eram revestidos de gentileza e compostura.

Vladimir rendeu-se ao seu carisma e beleza. Decidiu abordá-la.

— Desculpe-me por aproximar-me assim, sem nenhuma apresentação ou referência. Poderia me dizer seu nome?

— Sasha...

— Pois bem, Sasha, vou direto ao assunto para dizer-lhe que existe em mim algo muito além da mera atração por sua beleza. Sei da imensa distância entre nós e saberei compreender sua eventual recusa. Não obstante, a qualquer aceno de sua parte, pedirei permissão para nos encontrarmos, a fim de melhor nos conhecermos.

— Devo, segundo aprendi, recusar uma aproximação entre nós. No entanto, mesmo correndo o risco de me enganar, ouvirei meu coração. Quanto a nos conhecermos melhor, não depende só de mim. E no mais, procurei colher informações a seu respeito.

— Quanto a isso, devo adiantar que minha fama, de que já não me orgulho, é a de conquistador. Não nego que me deixei levar por experiências fúteis e lastimáveis. Meus valores hoje são outros e posso reafirmar que minhas intenções são as melhores.

— Deixemos que o tempo faça seu trabalho, atendendo às nossas expectativas.

Alguns dias se passaram.

A aproximação entre os dois evoluía, consolidando a afinidade e com isso a certeza de que eles verdadeiramente se amavam. Após acordo com Sasha, Vladimir buscou o consentimento do pai da jovem para oficializar o namoro.

Em função de sua condição de simples plebeu, não foi aceito.

Sviatoslav tomou conhecimento do episódio e intercedeu junto ao pai de Sasha.

Revelou que Vladimir era seu filho, e que renunciaria em favor dele e dos demais herdeiros, que seriam governantes dos principados da região de Kiev.

Diante disso, foi concedida a autorização para que Vladimir cortejasse a jovem.

Capítulo 18

Em treinamento, Sviatoslav postava-se à frente do batalhão da guarda oficial. Logo atrás os três filhos: Yaropolk, Oleg e Vladimir.

Em meio à ação, Mikhail, o fiel mantenedor da ordem e guarda do corpo do soberano, experimentou súbito mal-estar, desfalecendo.

Levado para o palácio, imediatamente foi providenciado o socorro médico. Constatou-se que o mal era grave.

Milly, abalada com o acontecido, aproximou-se.

Emocionado e embora com dificuldade para se expressar, ele murmurou:

— Ah! Milly! Creio que minha hora está chegando. Não estou com medo. Tenho certeza de que a vida tem continuidade em outro nível.

— Mikhail, não fale em morte...

— É preciso para dizer-lhe que continuarei vendo você e tentando protegê-la. Quando nos separamos, o desespero foi tão grande que quase cometi suicídio. Agradeço a Deus por não ter consumado essa loucura. Hoje tenho a certeza de que a vida prossegue depois da morte, onde haverá o nosso reencontro.

— Eu o amo, Mikhail. Preciso revelar... tenho a compreensão de minha família e... estou grávida, meu querido, de um filho seu.

Um sorriso animou as feições do enfermo.

— Meu Deus! Estou feliz, bem feliz!

Nesse momento, Yaropolk entrou.

Emocionado, disse:

— Senhor Mikhail? Sinto muito o ocorrido. Nossos médicos vão ajudá-lo a recuperar-se.

— Fique tranquilo, Yaropolk. Tenho em você um filho espiritual e quero dizer-lhe que naquele dia em que o socorri, vi a mim próprio. Eu também fui fraco e quase arruinei minha vida num momento de desespero.

— Arrependo-me. Fui infantil... Mas quero dizer-lhe que não vou desapontá-lo.

— Prometa-me que jamais agirá por impulso novamente.

— Prometo!

Milly sentiu um grande aperto no coração ao perceber a proximidade da separação física na partida de seu amado. Sentia ainda um remorso! Deixava ele esta jornada na Terra, sem contudo saber que Oleg era seu filho.

Ele se esforçando para falar, com os lábios quase imóveis, murmurou:

— Tenho a certeza de que nos encontraremos novamente, Milly.

No ambiente, havia vasta assembleia de benfeitores espirituais. Vibrações sutis pairavam no ar.

— Mikhail, perdoe-me. Eu... Eu preciso... Confessar algo... É importante!

Ele, no entanto, já não registrava as palavras da amada.

Acabara de expirar.

***

Dias após os funerais, Milly comunicou a Sviatoslav a resolução de regressar à Eslováquia, seu berço natal, para criar o filho que esperava.

— Não, Milly! Eu assumirei essa criança como meu filho, pois assim o considero. Não há razão para precipitar-se. Fique!

— Sviatoslav, eu preciso ir. Malusha deve assumir o lugar que sempre foi dela. Procure-a!

— Ela tem me evitado.

— Está tentando me proteger, não percebe?

— Como pode estar certa disso? Ela pode até estar seguindo por outro caminho...

— Malusha foi a primeira a saber que estou grávida, por isso manteve-se distante. Jamais teve nada com alguém, eu o asseguro, meu querido.

— Tem certeza?

— Absoluta. É você o homem a quem ela ama.

— E o pai dessa moça Nina? Malusha a trata como se fosse sua filha...

— Ah! Sviatoslav, essa história é bem diferente. Karven nos arroubos da juventude apaixonou-se por uma jovem de nome Fran. Ela engravidou e foi encaminhada a um domínio rural da família até dar à luz a Nina, essa jovem dócil que está em companhia de Malusha. Saiba que Yaropolk tem estado em contato com ela, sentindo-se muito atraído.

— A criança não ficou com a mãe?

— Não. Segundo os costumes que você conhece, a criança bastarda seria exterminada ou abandonada em algum lugar pela própria família. Fran desesperou-se com tal possibilidade. Ao nascer a criança, em segredo a parteira a entregou a Karven, recomendando que ele desaparecesse com a filha sem deixar rastros. Fran, por sua vez, jamais soube do paradeiro da menina.

— Nina sabe da existência da mãe?

— Os pais de Fran obrigaram-na a casar-se com Geakhan, um homem de coração enrijecido, em função de conveniências sucessórias.

— Então ela desconhece que a mãe está viva?

— Nina julga que a mãe morreu no parto. Geakhan recentemente soube de sua existência e cego de raiva por considerar-se traído e haver uma herdeira, ameaçou invadir o território onde ela vivia com o pai. A grande preocupação de Malusha é resguardá-la.

— Por isso a trouxe para cá...

— Exatamente! Mudando agora de assunto, tenho que prestar a você satisfações e pedir perdão...

— Sobre o que?

— A origem de Oleg.

— Não há necessidade. Prefiro que esqueça.

— Rogo-te, Sviatoslav, deixe-me falar. Necessito tirar esse peso de meus ombros. Eu insisto, é necessário.

— Você já sofreu demais. Oleg é nosso descendente. Eu o tenho como meu filho de sangue, tal qual Yaropolk e Vladimir, sem diferença alguma. Temos três filhos! Ou melhor, agora, quatro! Pois, há mais um chegando... E será bem recebido!

— Sou-lhe grata por tantas manifestações de carinho e respeito. Você é um homem generoso. Merece ser feliz. Deixe-me, porém, decidir o que fazer de minha vida. Meu desejo é retornar à Eslováquia.

— Conte comigo, Milly.

— Sviatoslav, tenho por você grande admiração e respeito.

***

Milly procurou Malusha, narrou os últimos acontecimentos despedindo-se:

— Retornarei à Eslováquia.

— Espere o bebê nascer, Milly. Aqui é o seu lugar.

— Não posso! Esse lugar nunca foi meu, Malusha.

— E por que não poderia ser nosso, então?

— Eu preciso ir. Procure fazê-lo feliz. Ele, por suas qualidades, sobrepujou situações, contrariando costumes e preconceitos que poucos superariam.

Abraçaram-se.

***

Sviatoslav foi ao encontro de Malusha.

— O que faz aqui tão solitária?

— Pensando exatamente na solidão...

— Ela tem sido a minha companheira.

— Minha também...

— Acredita em destino?

— Como não? Não somos nós quem o construímos?

— Então qual o sentido de programarmos para nós mesmos uma existência com sofrimento?

— As vozes dizem que o sofrimento acontece quando saímos do caminho planejado. Infelizmente, somos muito frágeis, não nos deixamos guiar pelo amor verdadeiro, habilitando-nos a sofrer.

— Um dia aprenderei a pensar assim... Mas, mudando de assunto, Malusha, Milly contou-me toda a história sobre Karven. Se não há nada entre vocês, por que não me disse antes?

— Mas eu disse. Karven é um benfeitor, a quem devo gratidão. Eu disse com todas as letras, você não acreditou. Milly esteve aqui. Não devemos deixá-la seguir viagem estando grávida.

— Tentei convencê-la a permanecer no palácio, todavia está decidida.

Olhando-a ternamente, acentuou:

— Quanto a você, amo-a de todo o coração.

— Igualmente o amo, meu soberano.

— Parece que nossa união está sempre sendo adiada. Se não há compromisso com Karven, se Milly encontra-se em tais circunstâncias, qual o impedimento para estarmos juntos?

— Pretendo ir ao território dos magiares, em breve. Na volta estarei pronta. Eu prometo!

— Não acho uma boa ideia. Há confrontos na região!

— Devo uma satisfação a Karven e também recolher alguns pertences. Prometo que na volta estarei pronta para construir junto com você uma nova vida. É o que mais desejo, meu querido!

— Só sairá daqui com escolta!

— Está bem. Aceito e agradeço.

Ao contrário de outras vezes, a iniciativa foi dela, abraçando-o para cobri-lo de beijos.

***

Milly preparou alguns baús e partiu, acompanhada de Oleg e de pequena comitiva.

A sua viagem correu sem maiores incidentes. Não obstante sua condição, ela chegou bem.

Recusando a convivência com os governantes locais, esforçava-se por ser útil e assim era credora da estima geral, consagrando seus dias à instrução dos filhos de cativos.

Em breve tempo, difundiu a ideia de ministrar aulas de canto, noções de higiene aos servos, organizou grupos de assistência a enfermos, tornando-se a alma de vastas iniciativas que tiveram êxito.

De Kiev Malusha partiu para o território dos magiares.

Capítulo 19

Meses depois, Milly deu à luz uma menina que nasceu gravemente enferma.

Não obstante os intensos cuidados, a pequenina piorava.

Sviatoslav ao ser informado, enviou soldados para trazê-la de volta.

No palácio, Dobrynya examinou a criança e percebeu que estava em fase terminal.

Não obstante, Milly guardava esperanças.

Naquela noite, viu em sonhos uma figura de sublime beleza e suave voz que lhe explicou o porquê dos padeceres que a atingiam, bem como à filha, trazendo-lhe serenidade e resignação.

Imenso e impressionante cenário surgiu à sua frente, permitindo que visões de algum lugar em um tempo distante desfilassem como em um palco, representando uma história movimentada, com personagens distintos, contudo estranhamente relacionados às pessoas do presente.

Ao despertar, guardou residualmente as imagens em forma de sonhos abençoados e esclarecedores.

Embora a tristeza permanecesse como um pano de fundo sentia-se em paz.

Pela manhã, Dobrynya a procurou.

— É um momento difícil — disse fraternalmente. — Sua filha é ligada a você. Não é a primeira vez que a acolhe em seus braços. Ela conviveu com você em experiências pretéritas. E veio agora para um breve reencontro.

— Compreendo e sou grata a Deus por esta oportunidade de contribuir para o seu progresso e também para o meu crescimento. Já percebi que a separação física está iminente, mas me é muito penosa, porquanto laços fortes de afeto nos ligam e no meu ideal de mãe eu imaginava uma convivência longa e feliz.

— Consideremos que Deus, nosso Pai, sempre escolhe o melhor caminho para nós. Devo dizer-lhe, Milly, que Mikhail está cuidando da pequena e preparando-se para recebê-la.

— Sinto sua presença.

— Ele lhe pede que tenha fé em Deus, que nos ampara em todos os momentos. Ele assumiu a responsabilidade de cuidar da filhinha.

— Obrigada, meu amigo, pelo conforto.

Milly aconchegou a filha ao coração, beijou-a com ternura e depois a depositou no leito. As mãos dela, vistas do mundo espiritual, estavam envoltas em luz quando as colocou sobre a cabeça da filhinha.

O bebê que até então chorava continuamente, aquietou-se e após alguns momentos de grande serenidade, teve a respiração enfraquecida. De modo incomum a um bebê, estendeu um olhar à mãezinha e expirou.

Mikhail acolheu a pequena.

O ambiente era pleno de vibrações afetuosas que partiam de benfeitores espirituais bem como dos encarnados em oração.

***

Os dias seguintes passaram rapidamente e tudo caminhava para a normalidade.

Milly permaneceu no palácio e dias mais tarde recebeu Malusha, de retorno. Recebeu-a com sinceras demonstrações de afeto.

— Que bom vê-la, minha querida!

— Milly, antes de tudo, quando eu soube de sua filhinha senti com você a sua dor. Deus sabe a razão de nossas provas e somos pequeninos para abranger totalmente em nosso entendimento seus desígnios. Imagino o quanto tem sofrido. Conte comigo.

— Conto mesmo, Malusha. Sua presença é um grande conforto para mim.

Após as manifestações de recíproco afeto, Malusha falou-lhe de um sonho em que estivera com uma entidade amorosa de nome Blandina.

— Revelou-me que a cada um de nós foi reservada uma tarefa e que nos compete realizá-la em nosso benefício e para a felicidade de todos. Ressaltou que devemos abraçar com entusiasmo os ensinamentos de Nosso Senhor Jesus Cristo.

— E como pretende abordar isso com Sviatoslav?

— Sinto que ele está mais flexível. Tomou decisões importantes, designando os três filhos para ficarem à frente do governo. Creio que a partir do momento em que se desligue dos assuntos do principado, teremos melhores oportunidades de convencê-lo a aderir aos princípios cristãos.

— Por que demorou tanto para retornar? Nina voltou com você?

— Karven havia recebido a notícia de que Fran era mantida prisioneira em uma masmorra pelo próprio marido. Seus pais estão vivos, porém impedidos de ajudá-la.

— Meu Deus, Malusha... Que coisa horrível!

— Sim! Quando chegamos, Karven já havia seguido para lá. Por fim, com um disfarce conseguiu entrar na fortificação e vê-la. Ficou assombrado. Ela estava definhando por ser literalmente alimentada a pão e água. Karven revelou-lhe que Nina estava bem e com saúde. Fran ficou feliz, ansiosa por rever a filha. No entanto, ele foi descoberto. Geakhan, o esposo de Fran, ficou furioso, colocou tropas em sua busca. Karven foi perseguido e atacado. Julgando-o morto, os agressores o abandonaram. Ele foi auxiliado por pessoas generosas que, atendendo seus apelos, providenciaram seu retorno. Chegou mal, a tempo apenas de narrar a Nina, que estava comigo, o que acontecera à sua mãe. Morreu em seus braços.

— Como ela está?

— Com a morte do pai ficou perturbada e preocupada com a mãe. De qualquer forma, não será fácil. Segundo Karven revelou-lhe, Fran encontra-se trancafiada em um cubículo malcheiroso e escuro.

— E como podemos ajudá-la?

— O marido da Fran é conhecido pela violência e maldade. Acredito que melhor seria não envolver Sviatoslav. Há assuntos mais graves, encargos que ele deve cumprir. As lutas acentuam-se. Não me refiro às batalhas dos exércitos do principado, porém às nuvens que se interpõem incessantemente entre ele e os objetivos da luz. Ele não pode desviar-se do foco principal!

— Pobre Nina... Deve estar sofrendo. Insisto que devemos ajudá-la! Não esqueça que Yaropolk tem carinho por ela e a consideramos, desde já, uma filha. Quanto a Sviatoslav, sem a sua presença, embora menos do que em outras vezes, recolhe-se em forte couraça. Mais do nunca necessita de você.

Milly acompanhou Malusha aos aposentos de Sviatoslav.

Ela observou-o em sono profundo.

Sentiu fluir de si uma onda de forças benfazejas que o alcançavam.

Percebeu a presença de Olga a dizer-lhe:

— Antes do retorno à vida física, Sviatoslav muito me comoveu. Pediu, reiteradas vezes, que lhe fosse concedida a oportunidade de trabalhar pela conversão de nosso povo ao Evangelho. Aspirava desfazer-se da impulsividade menos construtiva, que no pretérito o comprometera. Hoje, ele passa por duros embates em sua vida íntima. É chegada a hora, Malusha.

— Senhora, sinto que posso tão pouco...

— Trabalharemos em conjunto, minha filha. Ambos estarão amparados. Ele precisa muito de você.

***

A noite chegou fresca e tranquila com uma lua esplendorosa.

Sviatoslav permanecia adormecido. O silêncio era completo. Tarefeiros espirituais trabalhavam cuidando de sua saúde. Malusha permanecia ao seu lado, conservando silêncio para não acordá-lo.

Quando ele despertou, percebendo sua presença, achegou-se silenciosamente pelas costas, abraçando-a.

— Deseja matar-me de susto, Sviatoslav?

— Por que demorou tanto? Pensei que tivesse me esquecido de vez!

— Jamais o esquecerei, meu amado soberano. Somente você povoa meus sonhos. Será que é tão difícil crer? Houve acontecimentos lamentáveis, Karven morreu e, consequentemente, não pude retornar antes.

— Sinto muito. Em verdade devo-lhe desculpas. Cheguei a pensar que me tivesse traído e abandonado.

— Falta-lhe o bom senso. Somos unidos pelo espírito, Sviatoslav, parece que ainda não entendeu...

— Perdoe-me. Você me enlouquece. O que mais desejo é fazê-la minha soberana, e tê-la de forma permanente ao meu lado.

— Sigo a sua trajetória agradecida a Deus, meu querido. Nossas almas estão envolvidas por sentimentos que se conservam ardentes e vivos, e jamais nos separaremos.

— Promete que agora seremos felizes e que permanecerá em Kiev ao meu lado? Deixe-me amá-la e cuidar de você, tal qual sempre sonhei.

— Não duvide de quanto o amo, Sviatoslav. Agradeça as abençoadas alegrias de sua vida. Uma princesa generosa e boa que lhe deu dois príncipes. Quanto a mim, amado soberano, além de mais um filho, sempre fui, sou e sempre lhe serei fiel, mesmo que distante, rogando a Deus que guarde a sua vida e que lhe dê felicidade.

— Malusha, você é minha, e será minha para sempre.

Ele contemplou-a com os olhos úmidos e ouviu:

— Sabe, Sviatoslav, só o amor puro é perene e se revigora sob qualquer desventura. Agora, já é tarde. Preciso que alguns soldados me acompanhem até a choupana.

Eles se abraçaram e se beijaram como no tempo em que os ventos dos desejos da alma se somavam com os ventos das paixões, que sopravam na juventude.

E foi-se embora. Ainda que sob escolta, sentia-se seguir só, pensativa, com o coração apertado...

***

Nesse ínterim, no reino do Pechenego, a situação de Fran piorava a cada dia. Debilitada, febre intensa, alimentava um único desejo: conhecer a filha antes de morrer.

Geakhan a retirara da masmorra, mas ela não estava reagindo.

Uma criada de confiança, compadecida da situação de sua senhora, fez chegar a Malusha o seu ardente desejo de ver a filha.

Malusha conversou com Nina, que ainda chocada com a morte do pai, mas revelando compaixão pela mãe, insistiu que desejava satisfazer seu desejo.

Era uma viagem perigosa, tendo em vista o caráter vil do marido de Fran.

Ainda assim, Malusha considerou que seria importante que a filha reencontrasse a mãe. E dispôs-se a acompanhar a jovem na temerária viagem.

Não falou nada a Sviatoslav, porquanto ele certamente não a deixaria ir ou exigiria que se fizesse acompanhar de escolta, o que poderia criar um problema maior com Geakhan.

Capítulo 20

Após a cansativa viagem numa carruagem, Malusha e Nina chegaram ao castelo de Geakhan.

Fran experimentava o esgotamento quase total das energias orgânicas, compreendendo que o seu fim estava próximo. Permanecia em um aposento íntimo.

A jovem recém-chegada foi apresentada aos avós maternos, que lhe pediram perdão pelo que ocorrera no passado.

Nina ignorou-os, desejava sair dali o mais breve possível.

No interior do castelo, havia um longo corredor que conduzia aos aposentos íntimos. Uma serva de aparência idosa aproximou-se.

— Seja bem-vinda, senhorita.

— Grata! Conhece bem a senhora Fran?

— Desde que nasceu... Ajudei a criá-la! É como se fosse uma filha. Trata-se de uma pessoa generosa. Ela experimentou largos anos de sacrifício, não tem ideia do que ela tem passado. Não a julgue, nem a desampare nesta hora. Ela não tem muito tempo...

— Eu sou Nina.

— Eu sei. Fui eu que realizei o parto quando você nasceu.

— Então, acompanhou tudo de perto?

Nastya respondeu gesticulando positivamente a cabeça, passando a narrar em detalhes a comovente história, concluindo:

— Saiba, menina, no suceder desses anos ela jamais soube da sua existência. Tomou conhecimento quando seu pai se aventurou a uma visita, recentemente.

— Infelizmente, por conta disso, ele perdeu a vida.

Naquela noite, dolorosas considerações vieram-lhe ao espírito sensível. Acabrunhada e triste, Nina buscou os avós desculpando-se pela maneira fria que os tratara. Conduziram-na ao aposento de Fran, que a recebeu carinhosamente:

Nina fitou-a, e impressionada com seu estado, se aproximou.

— Eu sou Nina...

— Ah! Minha filha! Queria poupá-la de mais sofrimentos, entretanto precisava vê-la ao menos uma vez. Eu a amo muito! Não teremos suficiente tempo, sinto-me fraca, tenho tanta coisa para falar...

— Antes de morrer, papai contou-me sua história, poupe suas forças agora.

— Perdoe-me, filha.

— Eu juro! Vou vingar a morte de meu pai e o sofrimento pelo qual a senhora tem passado. Este homem é sórdido.

— Afaste esses pensamentos, Nina. Sinto que estou de partida para junto de seu pai, o homem que sempre amei e que sei, vou reencontrar na realidade espiritual. Não se revolte, nem se prenda à vingança.

— Estou sob a guarda de Malusha. Em breve, vou casar-me com Yaropolk, o rapaz pelo qual me apaixonei, e que amo muito! Não se preocupe comigo.

— Onde ela se encontra?

— Está hospedada de forma segura.

— Pois, preste a atenção, desejo que vocês partam. Retornem o mais breve possível. Deixem o castelo antes do amanhecer, sem que ninguém saiba, não se importe com seus avós, eles já têm idade, aguentarão até onde puderem. Obedeça-me, é importante. Prometa que assim fará! Conte com os préstimos de Nastya.

— Eu prometo!

— Então seja feliz e perdoe-me por tudo. Agora, vá! Descanse um pouco. Parta o quanto antes!

— Não tenho nada a perdoar.

— Fique bem! Não se preocupe comigo.

Emocionada, a jovem deixou o aposento.

Nastya aguardava-a no corredor.

— Venha, menina! Siga as orientações de sua mãe. Ela não passará desta noite. Tudo foi providenciado. O senhor Geakhan está ausente. Deverão partir. Vou ajudá-las!

— Está bem.

Geakhan ausentara-se. Há algumas horas, um espírito mal-intencionado aproveitando o gosto dele pela bebida, amplificou nele o desejo de se embriagar e agora Geakhan bebia descontroladamente.

Nina entregou-se aos cuidados da criada, e adormeceu.

Era ainda madrugada, a jovem jogou uma capa nas costas, já estava no corredor para deixar o castelo, quando se deparou com o temível padrasto.

— Ora, ora... Aonde vai com tanta pressa, senhorita?

— Deixar o castelo!

— Desista! Você assumirá o lugar que foi de sua mãe!

— Jamais! Eu estou de partida.

Geakhan, em alto nível de embriaguez, agarrou-a com violência, e ela saiu correndo, trancafiou-se em um quarto. Ele arrombou a porta, esbofeteou-a, tentava violentá-la quando ouviu alguém se aproximar.

Era Malusha, que advertida por Nastya, invadiu o aposento e tomou Nina dos braços do malfeitor, informando que iria levá-la.

Empurraram-no com toda a força que tinham e ele caiu entorpecido pelo álcool. Deixaram o quarto apressadamente, quando Nastya, visando a mais segurança na fuga, colocou uma barra de madeira do lado de fora da porta.

As duas atravessaram os corredores.

Os minutos seguintes foram confusos.

Geakhan logo despertou de seu transe e chamou seus soldados que o soltaram. Em seguida, foram em busca das fugitivas. As duas, já fora do castelo, perceberam que estavam sendo perseguidas.

— Escute-me! — disse Malusha à jovem. — Vou correr quando eles se aproximarem mais. E assim tentar fazer que me persigam. Fique escondida. Proteja-se! Talvez estejam em poucos, demorarão algum tempo para perceberem que você não está comigo.

— Tem certeza de que consegue ficar longe das mãos deles?

— Sim. Por este caminho, terão que seguir a pé, Geakhan está embriagado, ficará exausto.

Malusha saiu em disparada.

Em pouco tempo, percebeu que estava sendo seguida, achando que conseguiria driblá-los, entretanto já perdia as forças, exausta. Antes mesmo de chegar à estrada principal, sentiu-se arrastar por mãos fortes, estremeceu ao encontrar o olhar fixo e ardente daquele homem. Foi tomada de tal terror e um sentimento de asco que, involuntariamente, gritou.

Ele dispensou os demais homens, ficaram sozinhos.

— Dê mais um passo e quebro-lhe a cabeça — ela ameaçou.

Malusha respirava com dificuldade, quando um pano lhe vedou a boca, impedindo-a de falar.

Geakhan com um aspecto terrível, pálido, odor fétido, olhos irritados, agitava um punhal.

— Supôs que poderia enganar-me, sua tolinha? Vou dar-lhe um corretivo, mostrarei quem manda aqui!

Malusha olhava-o horrorizada. Sentia nas faces o hálito que exalava a bebida. Ele tentava derrubá-la, encontrando forte resistência.

Rasgou suas roupas, tirou o pano de sua boca e ordenou:

— Mantenha-se calada, é uma ordem! Vou roubá-la de seu amado.

Ela o encarou sentindo lágrimas de dor e humilhação.

— Sviatoslav vai matá-lo, seu animal!

— Você conhecerá hoje o que é um homem de verdade!

— Afaste-se de mim, eu imploro!

Apavorada, ela encolheu-se. Podia ver o brilho da maldade nos olhos dele. Ele prendeu-a mais junto de si como se chamas diabólicas estalassem faíscas malditas em sua alma raivosa, cruel, procurando-lhe os lábios, o corpo, como um demônio aguçado.

A luta foi terrível.

Malusha tentava escapulir, debatia-se entre lágrimas, soltou um grito, tudo rodopiou à sua volta e sentiu-se cair, mergulhando em um desmaio prolongado e piedoso.

***

Ao voltar a si, sentiu-se despedaçada.

Após a ação criminosa, Geakhan afastara-se, deixando-a inerte no chão.

Nina que, conseguira livrar-se da perseguição, a encontrara desfalecida.

O corpo doía terrivelmente e as vestes rasgadas e amarrotadas confirmavam a desgraça que as dores no baixo-ventre denunciavam. Demorou a se levantar.

Um desconhecido generoso, intuído por benfeitores espirituais, aproximou-se. Acolheu-as em sua moradia. Tinha duas filhas e a esposa, que as receberam com desvelo.

Entidades desencarnadas a reconfortaram, permitindo breve recuperação para novos enfrentamentos.

Dias depois, recuperada do ocorrido, Malusha retornou com Nina a Kiev.

***

Nina procurou Sviatoslav, contando-lhe o acontecido.

O líder russo dirigiu-se ao chalé, transtornado.

— Isto não ficará assim, Dobrynya! Ele acaba de declarar uma guerra! Como aquele cão imundo ousou tocá-la? Como Malusha pôde se expor desta forma? Entendo o que ela tentou fazer, entretanto, foi imprudente, terrivelmente imprudente!

— Venha, Sviatoslav! Já passou... — disse Dobrynya —, ela quer vê-lo.

Diante da amada, ele verberou:

— Como pode ser tão imprudente, Malusha?

— Não importa, Sviatoslav, não foi comigo. Ele queria atingir você. Tenha cuidado. Prometa que não tentará a desforra!

— Não me peça tal coisa!

— Jure-me que nada fará! Não deixe que aquele louco comande nossas vidas. Esqueça-o, eu imploro.

— Não vamos falar desse canalha agora. Ele terá o dele! Malusha, eu a amo. Então, desanuvie o meu sofrimento: aceita pertencer-me, permanecer ao meu lado para sempre?

— Você sabe que sim.

No dia seguinte, Sviatoslav tomando todos os cuidados, conduziu as duas mulheres a um local seguro.

Capítulo 21

A pressão dos adversários do invisível persistia.

Estavam dispostos a continuar criando embaraços ao núcleo de espíritos que tinha por missão fazer do principado uma sementeira cristã.

O instrumento ideal para atingirem seu intento era Geakhan, que se rendia facilmente à sua influência, em razão de seu caráter belicoso e animalizado. Semeavam fortes sugestões em sua mente receptiva.

Ao saber que Yaropolk pretendia casar-se com Nina, ele planejou raptá-la. Entretanto, tanto ela quanto Malusha estavam em um local seguro.

Resolveu, então, sequestrar Yaropolk. Espiões infiltrados o localizaram e, num ataque rápido e inesperado, o levaram.

Em uma mensagem petulante, o facínora propunha uma troca. O herdeiro seria libertado se lhe entregassem Nina.

Sviatoslav, tenso e nervoso, foi ao encontro de Malusha.

— Perdi o controle da situação. Meu filho foi capturado pelo maldito Geakhan.

— A mira dele é você, Sviatoslav. Cuidado com a armadilha. É preciso usar de diplomacia.

— Por que diplomacia? Já não basta tudo o que aconteceu? Somente o poder da espada poderá varrer da Terra aquele príncipe delirante. Declararei guerra! Vou destruí-lo!

— Ah! Sviatoslav, meu querido. Eu sinto muito por tudo o que tem passado. Todos comentam abertamente o quanto a minha presença e a de Vladimir trouxeram dissabores a você e ao principado. Estou convencida de que talvez o mais sensato fosse...

— Não diga mais nada! Vladimir é meu filho, e me orgulho disso. E você, eu já disse, é o meu amor, a minha soberana. Nada do que dizem interessa-me ou me fará mudar de ideia. Qualquer tentativa de afastar-me de você será inútil.

— Preocupo-me com o futuro de principado, Sviatoslav.

— Então, pensa que tudo o que sofremos foi em vão? Que tudo está liquidado?

— Não! Claro que não. Estou confusa. Esse homem está atuando sob a influência de vibrações negativas que encontram ressonância em nós. Você precisa proteger-se, sem que o caminho a adotar seja o conflito armado. A matança de uma guerra não pode surgir dos caprichos e desvios dessa infeliz criatura que está sendo instrumento de seus comparsas espirituais.

— Não, Malusha, impossível ouvi-la, pois, o seu desejo é incompatível com a minha honra. Mesmo que tivesse a certeza de que iam me matar, nem assim daria um exemplo de covardia. Qualquer soldado arrisca a vida sem vacilar no campo de batalha, e eu como soberano tenho obrigação de proteger o meu povo, de protegê-la e também a meu filho com todas as minhas forças e até com a vida.

— Sei o quanto recusa ouvir-me, talvez nem seja uma boa hora, contudo há um compromisso maior em garantia ao futuro de nosso povo. Tudo o que está acontecendo somente retarda a nossa tarefa. A humanidade está exausta das guerras que se enraízam nas ações dos que ainda não entenderam as nobres finalidades da existência terrena. Lembre-se dos ideais de sua mãe. Prometa que vai refletir sobre suas orientações, meu amado soberano.

— Não há tempo, Malusha, para ponderar estas questões. Sou um homem sobre quem pesam sérias responsabilidades. Em tudo há consequências. Você é ingênua, ignora a severidade de nosso meio.

— Bem, deixemos esta conversa de lado e deixe-me ver o que trouxe. Há queijo, pães, frutas...

E dirigindo-se a Nina:

— Aproxime-se, minha querida, está tudo bem. Venha se alimentar!

Em meio à refeição, Nina comunicou ao casal a decisão de submeter-se às exigências de Geakhan e poupar, assim, a vida de Yaropolk. Adiantou que se algo lhe acontecesse de ruim não se perdoaria.

Sviatoslav tentou demovê-la da decisão, todavia depois de se esgotarem todos os seus argumentos, acabou cedendo.

Acertado o acordo oficial entre os adversários, os acontecimentos se sucederam.

Nina partiu escoltada, entregando-se a Geakhan, que igualmente soltou Yaropolk, não sem antes adverti-la: caso ela tentasse a fuga, não pouparia a vida de seus avós maternos e de seu amado.

***

Nina sofria resignada na nova situação, entregando-se à oração, o que favorecia a assistência dos benfeitores do além.

A vida de Geakhan fora tecida por desatinos.

Em seu caminho encontrou algumas pessoas boas que se propuseram a ajudá-lo, inclusive com seus exemplos no bem, como ocorrera com a própria Fran, a esposa de quem tanto judiara.

Por mais desvairado que seja um homem, sempre haverá estímulos para modificar seu comportamento.

No fundo, como todos os que se transviam, Geakhan sentia-se solitário, mente conturbada.

Pesava-lhe, embora não o reconhecesse, os maus-tratos a que submetera a esposa. Tardiamente se apercebera dos reais sentimentos que o levaram a aprisionar a esposa.

Ciúme! Ciúme por Fran ter amado outro, não ele!

Suas esperanças de um dia ser amado pela mulher que escolhera haviam-se desvanecido e os sonhos de ventura ruíram por terra.

E agora, aflorava a percepção de que fora ele o culpado!

Se tivesse sido mais ponderado, analisado melhor a situação, refletido mais tempo e, sobretudo confiado em Fran, suas atitudes teriam sido diferentes.

Agora era tarde! — refletia, sob ação de uma febre providencial que o derrubara no leito.

Nina exercitava a compaixão e, ao contrário de todos os que tratavam Geakhan com ressentimento ou indiferença, compadecia-se de sua condição.

Sabendo que ele não estava bem, entrou no aposento e elevando o pensamento a Deus, pediu auxílio ao Alto. Orou com fervor. Espíritos amigos abeiraram-se e a envolveram completamente. Sentindo-se amparada, estendeu suas mãos, aplicou-lhe um passe reconfortante.

Mentores espirituais afastaram as entidades das sombras que o influenciavam, aproveitando aqueles raros momentos em que ele revelava propensão ao arrependimento.

***

Horas depois, Geakhan sentindo-se melhor, febre eliminada, levantou-se e foi procurar Nina, batendo à porta de seu quarto.

Sem preâmbulos, parecendo alheio aos benefícios recebidos da espiritualidade, falou:

— Você deve assumir o lugar que foi de sua mãe.

— Isso não acontecerá, senhor! Serei mulher de Yaropolk, com quem em breve casarei.

Tomando uma posição da qual novamente incorria em erro, porque baseada no amor-próprio ferido, ele retrucou irritado:

— Você se casará, mas, será comigo! Não tem escolha!

— Pois, o senhor está novamente semeando discórdia e ódio, infelizmente colherá dor e sofrimento. Não percebe o que fez com minha mãe? Não tem remorso do que fez com Malusha? Quando despertar deste lamentável estado verá, com clareza, todo o erro que cometeu e imenso será o seu desespero!

— Cale-se, ou vai para a masmorra!

Retirou-se irritado.

Sua consciência o avisava da incorreção de atitudes desse tipo. Porém ainda vigorava nele o caráter agressivo. Os adversários invisíveis esforçavam-se para que ele saísse da faixa vibratória dos benfeitores espirituais.

Retornou ao leito. Havia algo em torno dele, que embora não demostrasse o fazia sentir-se diferente. Com o coração apertado chorou copiosamente. Lembrou-se da oração que aprendera na infância e assim, pela primeira vez naquela experiência terrena, elevou os olhos para o céu e fez uma prece sincera. Rapidamente uma sonolência profunda o tomou.

Sentiu-se flutuar em um vácuo imerso em brumas trevosas, ouvindo ruídos assustadores, gritos, tilintar de espadas, trotar de cavalos, gemidos agonizantes, choros convulsivos de crianças assustadas e súplicas de mães, remetendo-o às suas ações criminosas.

Era tudo tão vivo dentro de si que se sentia tomado pelo horror e desespero, até que avistou uma suave e arrebatadora claridade.

Fran, em espírito, aproximou-se, na tentativa de *abrir-lhe os olhos.*

Experimentou algum alívio e identificou a presença da esposa morta. Não conseguia entender o que acontecia. Teve receio e, num primeiro momento, recuou.

— Como pode ser isso? — perguntou assustado.

— Sou eu mesma, Fran. O seu estado me comove. Sinto que em parte está arrependido de tudo o quanto fez, no entanto, o seu orgulho está falando mais alto novamente. Você tem agido de forma errônea e prejudicial a si mesmo e aos que o cercam, renegando Deus a cada passo. Quantos mortos, quanta crueldade em seus atos! Quantas ideias desarvoradas! A cada dia você cava para si mesmo um abismo mais e mais profundo. Aproveite o ensejo que se lhe oferece e renove a sua vida.

Geakhan estava literalmente apavorado.

— Não! Não quero conversar com os mortos! Não quero mais ver essas imagens.

— Só você poderá apagá-las. Mude a rota! Opte pelo caminho do bem! Em cada existência, encontramos oportunidades novas. Ao abraçá-las superamos infantis ilusões, em abençoadas oportunidades de renovação.

— Tenho pesadelos cruéis! Se deseja ajudar-me por que não os remove de minha vida? Os corredores estão repletos de fantasmas que me perseguem...

— Comece por exterminar os próprios desvarios. Eliminando-os, exterminará também as imagens que o perseguem. Você é um espírito imortal, Geakhan. E quando morrer continuará vivendo atrelado a estas figuras sombrias que o escravizarão e cobrarão de você todo o mal que tem realizado. Comece mudando suas atitudes para a busca do bem e prossiga com empenho em uma reforma de seus valores, e assim verá a transformação gradativa das suas próprias trevas em claridades. Repense as rivalidades impostas pelo orgulho, pela presunção, por ambições, injustificáveis. Escute o chamado da vida! Ela clama insistentemente em prol de sua paz e da sua felicidade. Você é capaz de retomar o caminho do bem do qual se desviou há muito tempo.

— Estou apavorado, ajude-me, eu imploro.

— Deixe de cometer novos desatinos, renove seus pensamentos, vocabulário e a maneira de proceder. Aprenda a cultivar a oração.

Foram suas últimas palavras. A imagem de Fran apagou-se e Geakhan despertou com a certeza de que estivera com a esposa.

Procurou Nina. Buscando superar a perplexidade falou:

— Sua mãe apareceu-me em sonho. Acredita que seja possível eu ter falado com ela?

— Sim, e cabe ao senhor avaliar o que ouviu. Eu também ouço vozes daqueles que se foram.

— Fran igualmente dizia que ouvia os mortos. E eu a tomava por louca. Jamais admiti tal possibilidade.

Nina percebeu que existia algo de humanidade naquele guerreiro sanguinário, que evidenciava sentir-se só e no desamparo. Era a própria figura de um menino frágil e assustado.

Comoveu-se, conversou longamente falando-lhe de suas experiências e de como as pessoas poderiam conviver em paz, mesmo com opiniões diferentes.

Sob influência daqueles acontecimentos, Geakhan libertou-a, pedindo que Malusha viesse buscá-la. Desejava pedir-lhe perdão.

Emancipou os pais de Fran, concedendo-lhes o direito de permanecerem no castelo, se o desejassem.

Dispôs-se ainda a acabar com lutas armadas, fazendo do bem de seu povo a prioridade, cultivando convivência harmônica com povos vizinhos.

Malusha recebeu um portador com a mensagem de que deveria buscar Nina.

Olga aproximou-se e a esclareceu:

— Filha, vá tranquila. Você tem autoridade moral para superar esse desafio. Apenas cultive a vigilância e a oração.

Fortemente escoltada conforme providenciou Sviatoslav, Malusha partiu para o encontro.

***

Geakhan recebeu-a constrangido.

— Perdoe-me pela covardia. Estou envergonhado. Perdi a cabeça. Confesso que não sei o que me tomou...

Malusha refletindo sobre o acontecimento, sentiu-se confortada por presenças espirituais, evitando novos desentendimentos. Percebeu nele um sentimento novo, mas foi incisiva:

— Mostre o seu arrependimento por meio de suas atitudes. Cumpra o prometido e liberte Nina.

— Foi para isso que a chamei. Há momentos em que me sinto fora de mim. Tornei-me um homem cruel, amargo e descontente da vida. Eu soube de seus dons... Nina contou-me! Ajude-me! Estou cheio de dúvidas! Há fantasmas por todos os corredores deste castelo.

— Fran está aqui no momento.

— Então, terei mesmo sido visitado pela esposa morta?

— A morte não existe. Fran está velando pela filha, pelos pais e até por você.

— Como ela poderia estar presente, desejando-me o bem, depois de tudo? E você, não teve receio de vir? Conseguirá perdoar-me? Fran perdoou-me?

— Vim para levar Nina. A escolta que me acompanha me deu segurança na viagem e neste encontro, pois suas boas intenções ainda estão pendentes de serem confirmadas por ações. Fran está dizendo que o perdoou. De minha parte, eu, por minhas convicções, tenho por princípio que o perdão liberta quem perdoa muito mais do que quem é perdoado. Fique tranquilo, portanto.

— Ajude-me! Preciso de ajuda. Estou enlouquecendo! Sou rico! Poderoso! Eu pago em terras! O quanto quiser... Tenho verdadeiros tesouros. Joias, muitas joias! Terras espalhadas... Inúmeras propriedades... Ajude-me e será bem recompensada! Tenho medo de ficar louco! Sinto-me só...

— Nunca estamos sós e sim sempre protegidos pelos nossos guias espirituais que têm por missão nos proteger. É preciso confiar em Deus.

— Embora eu não possa voltar atrás e apagar o que fiz, reitero o pedido para que me perdoe. Nina está livre! Leve-a com sua escolta e se necessário terá a minha proteção!

— Somos todos criaturas em aprendizagem na Terra, buscando nos aproximar de Deus. Esqueça-se do que passou, pois de minha parte, como lhe disse, já esqueci.

Ele agradeceu. O coração serenava e um bem-estar, como há tempo não sentia, o dominou.

Os pais de Fran foram consultados se desejavam partir, todavia já bem idosos, decidiram permanecer no castelo.

A pedido de Geakhan, antes de retornarem a Kiev, Malusha e Nina falaram aos trabalhadores rurais da região sobre o cristianismo, comentando as lições de Jesus.

Assim, Geakhan aproximou-se um pouco das verdades eternas, o que foi verdadeiramente providencial.

O novo entendimento deveria mudar sua vida.

Embora timidamente, promoveu benefícios aos seus trabalhadores humildes, anteriormente explorados.

Aliando-se às forças do bem, elevou-se mentalmente, sendo auxiliado pelos benfeitores da dimensão espiritual, libertando-se do perigo das conexões anteriores com as trevas.

Romper totalmente as amarras que o mantinham encarcerado em suas próprias mazelas não seria fácil. Se conseguisse manter o padrão mental elevado, passando a pensar e a agir em outra faixa vibratória, libertar-se-ia das nuvens sombrias que insistiam em rondá-lo.

Espíritos que se compraziam no mal o tinham em seus planos como elemento fundamental. Certamente, intensificariam sua influência.

Capítulo 22

Meses correram céleres.

Sviatoslav oficializou a divisão de seus domínios em três regiões, cada qual sob a regência de um de seus filhos, permanecendo livre para cuidar de outras tarefas.

Yaropolk e Nina haviam marcado as núpcias, segundo as razões do coração, não do Estado.

Geakhan por sua vez sofrera recaída, dando vazão a impulsos descontrolados, consequência do desequilíbrio emocional e mental que abrigava em seu íntimo. As boas intenções iniciais acabaram neutralizadas por suas tendências inferiores.

O núcleo mal-intencionado do invisível atingira o seu objetivo, desequilibrando-o novamente.

Não obstante, Geakhan sentia falta das poucas, porém proveitosas conversas com Nina e Malusha.

Lembrava-se do poder da oração, todavia envolvido em um mar de vibrações deletérias, sua vontade estava perigosamente enfraquecida. O seu coração não se aquietava e a agitação interior o fazia passar noites em claro, sentindo-se atormentado.

Num lampejo de lucidez, embora com risco de confronto com Sviatoslav, decidiu ir a Kiev à procura de Malusha para que o ajudasse a se livrar das perturbações.

Logo à chegada não foi difícil encontrar o casebre de Dobrynya. Malusha o atendeu, notando que estava alterado.

Rosto contraído e atormentado, ela percebia as marcas de influências obsessivas que retornavam.

O visitante pediu-lhe socorro, tentou se aproximar expondo-lhe os sentimentos que afloravam em seu íntimo. Apegava-se a ela como alguém que se depara a uma tábua de salvação.

Malusha confusa, ainda sem entender as suas reais intenções, agiu com gentileza e educação, contudo solicitando que retornasse quando Dobrynya estivesse.

Geakhan insistiu:

— Ainda não compreendeu o que me trouxe aqui, Malusha? Salve-me! Por favor, apiede-se de mim. Eu imploro! Só ao seu lado senti um pouco de paz... Apaixonei-me!

— Por favor, senhor, não alimente ilusões! Meu coração já tem dono e nada posso fazer para ajudá-lo no momento. Por favor, retorne às suas terras. Sua presença aqui poderá ter graves consequências.

Assustada, fechou a porta.

Tão firme fora a sua recusa em atendê-lo, tão intensa a ação de benfeitores espirituais presentes, que Geakhan num momento de lucidez, decidiu retornar, sem maiores confusões.

***

Ao tomar conhecimento da inusitada visita, Nina comentou a respeito com Yaropolk e Sviatoslav.

A fúria envolveu o soberano, abrindo campo para um dos perversos espíritos que buscavam assediá-lo, a sugerir em seu íntimo:

Não se deixe enganar. A serviçal é traidora, volúvel e merece sofrer. Jamais o amou! Foi atrás do outro. Agora que a infeliz esposa morreu, Geakhan está livre e, sobretudo, planeja aniquilá-lo. Vigie o canalha!

Sob aquela influência, dominado pelo ciúme, Sviatoslav pensou que fosse enlouquecer. Pensamentos sombrios o atormentavam:

Por que Malusha fora pessoalmente buscar Nina? Provavelmente para se jogar nos braços do outro!

Descontrolado, procurou sua amada, questionando-a, irado.

Perplexa, ela afirmou serem inaceitáveis suas dúvidas quanto à sua fidelidade. Não tinha nada a dizer-lhe, já que não confiava nela.

O soberano, mal disfarçando o ciúme que o devorava, retirou-se colérico. Procurou Dobrynya pedindo-lhe que fosse honesto, que lhe contasse a verdade. Não escondesse nada!

O ancião pesaroso pelas acusações que escutara sobre sua irmã, pediu-lhe que reconsiderasse sua atitude, pois suas suspeitas não tinham o mínimo fundamento.

Retornando ao palácio, Sviatoslav desabafou com Milly e acabou reconhecendo que estava sendo insensato ao desconfiar do comportamento de Malusha.

Milly comunicou que após o enlace de Nina e Yaropolk, partiria definitivamente à Eslováquia e se dedicaria às tarefas beneméritas iniciadas por lá. Seria a oportunidade perfeita para ele acertar-se em definitivo com Malusha.

***

As bodas de Yaropolk e Nina aconteceram em poucos dias.

Milly e Malusha tomavam providências no palácio.

Em dado momento, Sviatoslav vendo o quanto a amada se esquivava, acercou-se dela e ficou a observá-la em silêncio.

— Será que poderia perdoar um soberano torturado, louco de amor e ciúmes?

— Jamais quis torturá-lo ou despertar-lhe qualquer sentimento menos digno, Sviatoslav.

— Reconheço ter sido injustificável meu comportamento. Creio que já perdemos tempo demais...

Tomou-lhe as mãos.

— Então, perdoa-me? Aceita casar-se comigo?

Olhos úmidos, tomada pela emoção, ela concordou com um aceno de cabeça.

Na tarde daquele dia, em reunião no salão nobre, Sviatoslav dirigiu-se aos filhos.

— Meus filhos, eu os reuni para tomarem conhecimento de importantes decisões. Nossa querida Milly tem a palavra:

Ela explicou emocionada:

— Sinto um imenso prazer em compartilhar a minha decisão com vocês. Em breve, regressarei às minhas terras de origem. Sou grata a Deus pela oportunidade que nos deu. Fomos colocados juntos, nesta família, certamente não por mero acaso, todavia com a finalidade de ensejar os acertos pelos quais a vida clamava. Hoje, sinto que minha missão aqui está terminada.

Ela olhou em direção ao soberano, que emocionado pelo ambiente e pela expectativa, retomou a palavra:

— Muita coisa aconteceu neste longo espaço de tempo, meus filhos. Não posso deixar de me reportar ao passado, recordando os conflitos que se multiplicaram desde a morte prematura de meu pai, as responsabilidades da coroa que pesaram sobre minha mãe, apressando a minha sucessão, a união matrimonial definida pela corte e não pelos noivos. Depois, a feliz chegada dos filhos, a postura louvável de Milly ao perceber o meu sentimento por Malusha. Resignadas, as duas uniram-se afetivamente, favorecendo o bem-estar de todos.

Após breve pausa, prosseguiu:

— Infelizmente, Mikhail não se encontra mais entre nós para unir-se a você, Milly, o que me deixaria muito feliz. Se não amor, uma grande amizade e respeito nos uniu.

Milly sorriu.

— Assim — continuou o soberano —, tem sido os matrimônios dos príncipes de nossa época, atendendo a interesses políticos. Não obstante, asseguro-lhes que dias melhores nos aguardam. Com a anuência de todos, pretendo consumar a minha união com Malusha.

Milly acentuou:

— Serão felizes e abençoados por todos nós. E dirigindo-se a Malusha, falou:

— Desejo que todos ouçam de você, Malusha, quanto à tarefa reservada aos futuros dirigentes destas terras.

Demonstrando convicção, ela informou:

— Jesus, o celeste emissário, veio ao nosso mundo há quase mil anos com uma gloriosa mensagem de amor, ensinando-nos a viver como filhos de Deus. Onde seus ensinamentos forem aceitos, sua Sublime corte estará presente, orientando as consciências. Somos almas miseráveis em busca de Deus, contudo, a nosso favor temos Jesus, cuja mensagem iluminará nossos caminhos. A tarefa a que os benfeitores espirituais amigos fazem referência, consiste em hastear a bandeira cristã no principado, implantando o Evangelho no coração dos homens de Rus.

— Eu já entendi o recado — disse o soberano sorrindo —, sei de minhas reações e o quanto estive paralisado em relação às solicitações de minha mãe, que me orientava nesse sentido. Dou minha palavra as duas de que assim será! Ou melhor, as três, porquanto tenho convicção da presença materna.

Familiares e demais presentes do círculo íntimo acolheram as decisões do soberano com carinho, endereçando-lhe votos de felicidades e paz.

Sviatoslav acentuou:

— Este é um dia de grande alegria para a nossa estirpe. Nosso povo será preparado para avançar rumo a um porvir iluminado! Vamos comemorar.

Olga, ao lado de seus afetos queridos, iluminava o ambiente com sua presença, proclamando:

— Bendito seja o Senhor! Bendito sejam os laços de amor!

Capítulo 23

Mais um inverno terminava.

Com o degelo, o cenário como sempre neste tempo, tingia-se em cores e perfumes resplandecentes. Ainda fazia frio, todavia o solo ganhava novo tapete cobrindo-se em tons de verde. Os raios de sol incidiam sobre o palácio ressaltando as flores que adornavam a paisagem. Estava tudo pronto! O palácio fora minuciosamente decorado para a ocasião. O clima estava aprazível e envolvente. A alegria era geral.

Realizava-se o enlace matrimonial de Yaropolk e Nina.

Entre outros amigos e familiares desencarnados presentes, Olga e Mikhail traziam bênçãos para aquela hora.

Passados alguns dias, Dobrynya adoeceu. Percebia que suas forças vitais se findavam. Uma fraqueza generalizada invadia seu organismo cansado das lutas e do trabalho excessivo.

Dirigindo-se à irmã que o assistia, confidenciou:

— Sinto que está chegando a minha hora, Malusha. Estou pronto para ir para junto de minha Olga. Creio ter cumprido a minha parte. Você terá que ser firme, dará continuidade ao nosso serviço.

— A senhora Olga está ao seu lado, meu irmão. Ela sorri.

— Sinto sua presença e acredito que a hora do nosso reencontro está muito perto...

Malusha emocionada sentia que as palavras do irmão representavam suas despedidas.

Sentindo que a sua partida era iminente, solicitou falar a sós com o soberano:

— Sviatoslav, sua mãe está aqui. Deus sabe o quanto eu a admiro e a respeito. Aprendi com ela que é recorrendo ao serviço benemérito que nos despojamos de nossas imperfeições. Há muito a ser feito, meu caro amigo. Sinto que estou mesmo de partida e sentirei a falta de sua convivência, pois o considero como filho e ao mesmo tempo como um pai amigo e ainda como meu soberano.

A luta prosseguirá para que a claridade dilua as sombras sobre Kiev e daí se estenda iluminando seu entorno continental. A presença do amor como potencial infinito de poder quando manifesto nas ações dos que se propõem a fazer o bem, anulará as forças contrárias, quaisquer que sejam. Procure inspirar-se na suprema lei divina que estabelece a justiça com amor. Transmita a fé em Deus, e deposite Jesus no coração de seus filhos. Cuide-se e zele por minha irmã.

Com o coração apertado, o soberano falou:

— Não se preocupe. Bem sabe que estou consciente da minha responsabilidade sobre o futuro do principado, e acima de tudo, sobre Malusha. Tranquilize-se, pois eu a amo e tudo farei por ela.

Sviatoslav envolveu com as suas mãos às do amigo e mentor, e retirou-se dando lugar a Milly.

— Dobrynya, eu sinto muito.

— Não se aflija. Deus a abençoe.

Malusha entrou em silêncio com o rosto molhado de lágrimas.

— Não se canse... Confiemos em Deus nosso Pai que nos dará, com certeza, o que for melhor para nós...

— Sinto que é chegado o momento. Ouça: há obstáculos e intempéries ainda a enfrentar. É tempo de prosseguir o *bom combate*, sem esmorecer, pois, o nosso principado necessita da ação construtiva no bem. Dê o seu melhor procurando inspirar-se na Providência Divina que estabelece a justiça e o amor. Terá que ser forte! Superar tais dificuldades faz parte de seu compromisso e de sua evolução. E, lembre-se, estará amparada. Confie!

— Eu confio, meu irmão.

Num último alento, Dobrynya esclareceu que Olga estava ali à sua espera, expirando em seguida.

***

Após o sepultamento de Dobrynya, Milly decidiu regressar em definitivo para a Eslováquia onde viveria com os pais já bem idosos.

Yaropolk a levou até lá.

Finalmente, Sviatoslav uniu-se a Malusha, reservando-lhe um título de nobreza do qual ela não pode esquivar-se. Era para ele um símbolo de seu amor e reconhecimento.

Um único pedido ela fizera: que ele a apoiasse em suas práticas cristãs. Sentiu-se duplamente feliz com sua concordância, porquanto era também o início de sua conversão ao cristianismo, tal como Olga Prekrasna desejara.

Capítulo 24

Algum tempo transcorreu.

Durante anos as relações entre Kiev e os povos da região de Constantinopla alternavam-se entre conflitos armados e tratados de amizade.

Aqueles povos não estavam preparados para a paz, sempre interessados em conquistar territórios, sustentando intermináveis guerras, disso resultando a miséria e a fome.

Não obstante o principado houvesse se transformado para melhor, a servidão era mantida e o sofrimento atingia populações indefesas.

Olga e Dobrynya, conscientes dos seus deveres, muito haviam contribuído para o bem geral, semeando valores do bem e da verdade.

Na espiritualidade continuavam trabalhando com afinco, tudo fazendo por infundir nos amados o anseio pelo Evangelho.

É certo que os tutelados progrediam, porém ao lado das virtudes, conservavam ainda tendências não compatíveis com o que deles se esperava.

É da lei que não devemos violentar as consciências. Assim, há tempo para plantar, crescer, florescer e frutificar. Assim, também, não se pode apressar as águas de um rio para que cheguem logo à foz.

Sviatoslav fora um condutor incansável em favor do principado. Passara a maior parte do seu tempo ocupando-se da organização de campanhas militares, alargando e reforçando as fronteiras de seu Estado.

Por mais que se sentisse estimulado a seguir o caminho de Olga, trazia em suas veias a impulsividade de um guerreiro, tal qual seu pai. Tinha vagas noções de espiritualidade, todavia faltava-lhe o perfeito entendimento da tarefa que lhe competia cumprir em relação ao Evangelho.

Não obstante, tudo caminhava nesse sentido.

Malusha sentia que chegara o momento em que Sviatoslav se curvaria a Olga, convertendo-se ao cristianismo e abandonando os deuses e costumes pagãos.

No entanto, surgiu outro conflito do principado com o Império Bizantino, e, para surpresa de Malusha, o amado tomou a decisão de permanecer à frente de seu exército. Deixaria Rus novamente, admitindo a cargo de seus filhos as principais regiões do principado.

Os dias se sucederam marcados por desentendimentos.

Ela tentava demovê-lo. Ele mostrava-se irredutível.

Malusha se mostrava visivelmente contrariada com a obstinação de Sviatoslav em buscar conquistas militares em vez de empregar sua liderança para despertar seu povo para os valores cristãos.

Às vésperas de sua partida, ela fez uma última tentativa:

— Persiste mesmo, Sviatoslav? Recuso-me a tentar compreendê-lo! Nem sei se sou capaz de ainda o chamar de meu amado soberano... Prometeu que não mais se ausentaria, que não mais iria para os campos de batalha... Por favor, reflita! O principado necessita aprender a amar. O caminho é Jesus!

Em lágrimas, Malusha revelou:

— Tive um sonho terrível e desde então trago uma angústia que não consigo superar...

Ele a beijou carinhosamente, anunciando a sorrir:

— Será a minha última missão oficial, eu juro. Transferi todos os assuntos oficiais aos meus sucessores. Pertencerei exclusivamente a você e hastearei a bandeira cristã, conforme lhe prometi.

Ela não se acalmava.

— Nunca senti algo assim tão forte. Havia em meu sonho forças contrárias ameaçadoras. Pode ser que eu seja tola, que o meu temor seja insano e exagerado! Inclusive que eu esteja sendo egoísta tentando mantê-lo ao meu lado, mas, eu juro que a minha intenção é poupá-lo.

— Calma, minha querida. Esta campanha não será por motivos frívolos, mas com o intuito de atender às necessidades de nosso povo. O exército necessita de meu concurso. Há muita coisa em jogo, mais do que pode supor.

Abraçando-a, reiterou:

— Eu volto logo! Em meu regresso, lhe entregarei a minha vida que já é sua, e juntos prosseguiremos para realização de seus ideais cristãos.

E Sviatoslav partiu, deixando-a com as preocupações que a atormentavam.

Naquela noite, ela não conseguiu dormir.

Outras noites não dormidas vieram... E novos alvoreceres a encontraram insone.

***

O que seria breve alongou-se.

O tempo correu célere. O inverno se apresentava um dos mais incômodos. Pelos campos de batalha, tempestades de granizo, chuvas impertinentes, ventos frios e ininterruptos, doenças espalhando-se assustadoramente, soldados feridos, umidade e frio, numerosas baixas acontecendo.

Sviatoslav estava doente. A sua escolta oficial, composta de homens de sua extrema confiança, sugeriu que ele retornasse ao principado.

O soberano recusou-se, permanecendo nos campos de batalha. Se não o fizesse, seria considerado fraco e essa ideia o repugnava.

O exército lançava-se ao combate com ardor, ceifando vidas com sanguinária precisão. Entretanto, os soldados começavam a ficar desiludidos e cansados, além de enfrentarem a morte de muitos companheiros.

Finalmente, Sviatoslav resolveu dar por encerrada a luta. De ambos os lados ficaram corpos inanimados sobre o solo coberto de sangue, e para cada um deles restavam famílias em abandono, corações atormentados. É o saldo sempre lamentável da guerra.

O soberano conquistou territórios, derrotou os búlgaros do Danúbio, mas também sofreu derrotas diante dos bizantinos.

E viu-se obrigado a assinar acordos em que renunciava a todas as conquistas feitas, e a retornar às suas terras.

Sviatoslav fora alertado para desviar-se da região dos pechenegos, por se tratar de campos perigosos onde poderia ser alvo de adversários.

Uma voz secreta murmurava em seu íntimo: que não trilhasse aquele caminho.

Inúteis as advertências! Contrariando seus prepostos, resolveu arriscar.

***

A essa altura, o líder do grupo de irmãos mal-intencionados do invisível, reunidos, informava aos seus subordinados:

— Estamos próximos de eliminar o soberano. Imprudente, ele desafia a sorte! Contaremos com Geakhan, que permanece sob nosso domínio, após um período de boas intenções, sob a ação das forças da luz. Providenciaremos um encontro decisivo entre ambos.

Os benfeitores espirituais procuravam intuir Sviatoslav para que não seguisse pelo caminho escolhido. Tudo inútil. Ele estava decidido.

A partir daí, deu-se o previsível. Geakhan, que liderava forças contrárias, dominado pelas sombras preparou uma emboscada.

Num momento de descontração, Sviatoslav banhava-se num local próximo ao acampamento. Estava só sem a sua escolta, quando se viu frente a frente com Geakhan ensandecido, guiado primeiramente por sua própria alma torturada, depois pela horda dos pechenegos, da qual era o líder, e além disso estimulado pelos malfeitores do além.

Diante da fúria do oponente, Sviatoslav movimentava-se com rapidez, evitando os golpes de espada.

Geakhan covardemente procurava abatê-lo:

— Maldito soberano! Acha-se invencível! Vou despedaçá-lo!

— Quanta coragem! É necessário ter muita habilidade para aniquilar alguém desarmado. Mas, a sua covardia não é novidade.

Os insultos de Sviatoslav serviram para enfurecê-lo ainda mais. Geakhan, sem delongas, o apunhalou em pleno peito.

Sviatoslav caiu de joelhos. O facínora aproximou-se arrogante.

— É assim que eu desejava: um extermínio lento e doloroso com você aos meus pés, o poderoso soberano!

Sentindo-se desfalecer, Sviatoslav balbuciou:

— Tudo o que vejo à minha frente é um homem covarde demais para enfrentar um adversário de forma honrada. Capaz até de atacar mulheres.

— Começo a achar que estou ansioso demais para vê-lo morto, e correr para consolar sua viúva. Uma coisa eu devo admitir, você tem bom gosto. Ela é altiva e simples. Ficará sensibilizada e comovida. Tentará me ajudar, como sempre... E você não estará por perto para impedi-la!

Sviatoslav tentava levantar-se. Entre golfadas de sangue, quase perdendo a consciência, teve tempo de observar a expressão sarcástica do inimigo.

A morte não se fez esperar. Infelizmente, ele não tivera o cuidado necessário com a sua vida.

Sem converter-se aos ensinamentos do Mestre, longe de *cultivar a mansidão das pombas e a prudência das serpentes*, sua experiência terrena findara.

Capítulo 25

Sviatoslav mudo, consegue chorar as primeiras lágrimas.

Neste momento, tudo vacila e se confunde, como se num sonho ou pesadelo, num caos de luzes, sons e cores. Por um tempo indeterminado ficou ali, desfalecido.

Aos poucos, voltou a si e viu o quanto estava só, completamente só...

Sentia frio e dores intensas no peito. O sangue continuava a jorrar. Não entendia o que acontecera. Sentiu-se a vagar no vácuo, desesperado, como se estivesse morrendo, sozinho, sem assistência, sem os filhos, sem os soldados, sem a amada... Onde estaria? Entorpecido, tomado por sinistra angústia, meio morto-vivo, sentia-se crivado às dores do corpo que o afligiam. Reconhecendo-se exausto, necessitado de repouso, começou a procurar um local onde pudesse se abrigar.

Não sabia precisar quanto tempo havia se passado.

Sentia fome, frio e sede...

Em lágrimas, recordou-se de seu palácio. Sem saber como, viu-se transportado para o lar.

Entrou. Ninguém dera sinal de lhe notar à presença. Com o ferimento aberto sentia-se esgotado, necessitado de banho, alimento e auxílio médico, ordenou que o atendessem. Surpreso e irritado percebeu que ninguém parecia ouvi-lo.

Gritou, implorou e nada! Era totalmente ignorado. E Malusha? Onde se encontrava? Precisava encontrá-la e dizer-lhe que havia cumprido a promessa. Ali estava, embora ferido.

Localizou-a em seu aposento. Aproximou-se feliz, dirigindo-lhe palavras afetuosas, saudosas e falando-lhe das suas necessidades. Abraçou-a. Contudo, ela não lhe deu a atenção. Pelo contrário, passou a sentir uma grande emoção, além de intenso mal-estar. Não era possível! O que acontecera em sua ausência?

Confuso e com os pensamentos fervilhando, deixou-se cair numa poltrona e pensou em sua mãe. Em lágrimas, pedia-lhe auxílio.

Lentamente uma imagem foi se formando, era Olga Prekrasna que vinha amparar o filho. Sviatoslav chorou copiosamente, desanimado, sentindo somente agora a presença benéfica de alguém, e o quanto sua situação se agravara. Sem a identificar a princípio, indagou aflito:

— Quem é a senhora? Pelos deuses! Preciso de socorro, um pano para estancar o sangue! Fui atingido. Caí numa emboscada. Estou gravemente ferido.

Surpreso percebeu que era sua mãe.

Agarrou ansioso as mãos que Olga lhe estendia.

— Meu filho, meu filho tão amado! — disse ao abraçá-lo.

— Ah, minha mãe! Ajude-me! Estou muito ferido!

— Deixe de se preocupar com os ferimentos e ore, meu querido.

— Estou confuso, bem confuso. Malusha não me atendeu, sentiu-se mal quando me aproximei.

— Não pense nisso agora, venha comigo.

— Não, mãe! Tenho que acertar o desgraçado que me atacou, a senhora deve esconder-se!

— Acalme-se! Ele já se foi.

— Estou fraco, mas retornarei. O covarde fugiu. Tenho que ser rápido!

Gradativamente, Olga Prekrasna se tornava mais bela aos olhos do filho. Concentrada em oração, sublime luz descia-lhe do alto sobre a fronte.

— Calma, meu querido. Ainda não pode entender o que se passa. Vou levá-lo comigo. Cuidaremos do ferimento. Tenha paciência e confie.

Sviatoslav fechou os olhos, deixando-se envolver pela serenidade materna, mas reiterou:

— Agradeço a senhora por ter me auxiliado, todavia tenho que retornar a qualquer custo. Eu preciso ser forte para proteger Malusha, porém, não consigo caminhar... O sangue... O ferimento está aberto.

Ela sorridente e afetuosa, reiterou:

— Acalme-se. Tudo ficará bem, meu filho. Está comigo agora. Você vai descansar para se recompor. Cuidaremos do ferimento.

Não obstante o carinho materno, Sviatoslav não estava preparado para acompanhá-la, dominado pela revolta e o desejo de vingança, subtraindo-se à sua influência e mergulhando em sombras umbralinas.

***

Neste ínterim, no palácio, Malusha despertava extremamente nervosa.

— Aconteceu algo com Sviatoslav! Algo grave! Eu o vi ferido e ensanguentado!

Uma serva procurava tranquilizá-la:

— Foi só um pesadelo, senhora.

— Algo aconteceu, tenho certeza! Meu Deus, ele está em perigo!

Malusha passou as mãos pelo rosto limpando as lágrimas. Tentou controlar-se.

Após horas de sofrida expectativa, à tarde um mensageiro antecipava-se à tropa para informar que o soberano fora assassinado.

O desalento abateu-se sobre o principado.

Gente de toda a parte acorreu ao palácio para lamentar a morte do príncipe, que não obstante seus rigores, muito fizera pelo povo e ninguém antes dele conseguira realizar tantas conquistas em tão curto espaço de tempo.

***

Desde a morte de Sviatoslav, Malusha com irrefreável tristeza caíra em profundo abatimento. Em noites de insônia buscava consolo em preces contínuas. Nada podia anestesiar a dor da separação, nem lhe atenuar as saudades.

Numa dessas noites, Dobrynya aproximou-se transmitindo-lhe fluidos balsâmicos com a aplicação de passes e preparando-a para um desdobramento.

Agora afastada do corpo físico, Malusha emocionou-se com a presença do irmão.

Ele a abraçou carinhoso:

— Malusha, minha irmã! É o momento de testemunho. Serene o coração para ajudar seu amado. Sviatoslav está amparado por Olga, porém precisa principalmente de você.

— Farei o que for necessário para vê-lo bem. Ajude-me! Eu sinto que ele não está bem. Um secreto desejo de retornar à vida espiritual agora se insinua em minhas preces. Almejo ir para junto dele.

— Afaste tal ideia! Para ajudar Sviatoslav é urgente que você se mantenha serena. Ele necessita de suas boas vibrações para se restabelecer. Está obcecado pela revolta e o desejo de vingança. Cultive a paz que nasce da aceitação e poderá ajudá-lo. Lembre-se de que há uma sintonia entre ambos. É preciso que prevaleça a sua influência equilibrada em favor dele. Quanto a você, estamos autorizados a dizer, sua caminhada no campo terrestre é longa, bem longa. Como sabe, há uma missão a ser cumprida.

— Ah, Dobrynya! Esta é a fase mais dolorosa de minha vida. A dor que ele sente dói em mim. Foi tudo muito rápido e inesperado.

— É a hora do testemunho, minha querida. Não esmoreça! Tenha presente que Sviatoslav precisa de sua ajuda.

— Perdoe-me. Só agora percebo que tenho sido egoísta demais em negar a ele a paz que devo primeiramente fazer nascer em mim...

Dobrynya acariciou a irmã, a confortá-la, dizendo:

— Não há sombras que não se extinguem, não há nuvens que não se transformem em chuvas benditas e renovadoras. Ao acordar, você vai sentir-se melhor, serena, mais reconfortada. E não se esqueça de que a força mais poderosa do universo é o amor. Seja forte para que Sviatoslav se fortaleça. Tenha paciência para que a paciência o felicite. Confie em Deus para que juntos estejam equilibrados nos testemunhos atuais. Remova os propósitos de vingança dos filhos dele.

— Os rapazes insistem que Geakhan deve pagar por seu crime.

— Peça-lhes ponderação. Explique que a morte não se resgata com a morte e que a dor não se cura criando dores em outros. Dar a outra face é o que nos ensina o Nazareno, seguindo pela via pacífica. Fazer dos filhos de Kiev um povo fraterno, unido e próspero, em vez de revidar com mais uma guerra por vingança.

— Perdoe-me a fraqueza, Dobrynya. Prometo lutar contra a passividade, redimensionando a minha vida para ser útil, levantando o meu ânimo, e assim transmitir para Sviatoslav vibrações salutares pela via dos laços de afetividade que nos une, bem como ser fonte de apoio a todos que convivem comigo.

Malusha manteve os registros na memória da totalidade deste encontro espiritual, mostrando-se visivelmente modificada, animada pela orientação recebida.

Poucos dias depois, Milly que já tinha programado regressar a Kiev para uma temporada com os familiares, resolveu sob inspiração dos mentores, antecipar a viagem.

Sua presença seria providencial para ajudar Malusha a evitar uma guerra para vingar o soberano assassinado.

O tempo foi passando e tudo voltou à normalidade.

Malusha se ocupava em realizações fraternas de assistência aos necessitados, não sem sentir intensamente a ausência física do seu amado soberano.

Apoiando-se na oração e no trabalho sustentava o otimismo e a esperança.

Capítulo 26

Com o passar dos dias e a influência de Malusha e Milly, os filhos de Sviatoslav modificaram a disposição inicial de vingar a morte do pai.

Com essa atitude os rapazes construíram uma couraça de resistência aos espíritos perturbadores que pretendiam cultivar o cerco em torno do núcleo.

Milly permaneceu por breve temporada no palácio. Tão logo tudo se ajustou, retornou à Eslováquia, dando continuidade às suas tarefas.

Na espiritualidade, Sviatoslav passava por angustioso período. Com a mente fixa em Geakhan, desejava persegui-lo e no entanto, via-se perseguido por suas próprias vítimas, nas lutas a que se entregara.

Perdera a noção do tempo. Confuso, recordava a imagem da amada, sem encontrá-la.

Os curtos dias de felicidade que o amor lhe concedera, desenrolavam-se em sua mente com todos os seus detalhes. Comovia-se com os pormenores entre as alegrias e tristezas vivenciadas.

Não obstante, sempre voltavam as lembranças das horas dolorosas, a traição, as ameaças, o golpe fatal que o derrubara.

Os minutos se afiguravam séculos nessa gangorra de sentimentos embaralhados.

Em meio àqueles tormentos que pareciam perpétuos, experimentou intensa saudade do lar. Sem saber como, imediatamente se viu transportado para o palácio.

Chorou de satisfação e alívio.

O ambiente com longos tapetes e peças luxuosas, com todos os detalhes de seu aposento, se apresentava agora nítido à sua vista. Os criados, sempre atentos e respeitosos, entregues às suas tarefas, não deram sinal de notar a sua presença. Tentou dar-lhes algumas ordens, desejava banhar-se, roupas limpas, porém, não foi obedecido.

Avistou Malusha. Estava sentada em seu leito. Emocionado, aproximou-se e tentou falar-lhe. Ela parecia não o ouvir. A perplexidade lhe trouxe lágrimas incontroláveis. Na escala dos tormentos passou ao grau de desolação. Irritado, constatou mais uma vez que ninguém o atendia. Pareciam ignorá-lo por completo.

— Malusha, não me menospreze — disse humildemente —, ouça-me! Pare de chorar! Eu a amo! Por que agem como se eu não estivesse presente? Eu não deveria ter partido novamente, eu havia prometido, eu sei... Somente demorei porque fui ferido. Mas, vou ficar bom! Já estou aqui de volta! Veja! Fale comigo!

Súbita vertigem a acometeu. Malusha, sintonizada com a presença espiritual do seu amado, literalmente incorporava seus sentimentos de extrema tristeza e aflição.

Sviatoslav deixou o aposento desconsolado, sem compreender o que se passava, impressionado com a frieza de sua amada. Revoltou-se, penetrando em outras dependências do palácio.

Bradava pelos corredores torturados apelos. Quando outras imagens se mesclavam à sua mente, deparou-se com um vulto que o assustou. À sua frente, um homem com feições rancorosas e olhar cruel, envolvido em um manto negro, fitava-o com um olhar de ódio. Asseclas postavam-se logo atrás.

Sviatoslav apavorado manteve-se imóvel. A entidade de aspecto deplorável, tomada de ira, perambulava à sua volta. Chegou bem próximo e, com o rosto quase encostando no seu, deu uma diabólica gargalhada.

— Você não percebe, soberano? Está morto! Morto!

— Quem é você? — interrogou Sviatoslav meio aturdido, não compreendendo o que ouvia —, o que deseja comigo?

— Somos velhos conhecidos! Viemos dos labirintos do tempo!

Os pensamentos de Sviatoslav confundiram-se, agitados. Sentindo aflorar reminiscências dolorosas e estranhas, respondeu:

— Não o conheço! Retire-se imediatamente do meu palácio! É uma ordem!

— Ordem? De você? Só me faz rir! Tolo! É com satisfação que eu repito: você está morto! Entendeu agora? O meu ódio recairá sobre ela! Quanto ao palácio, tomei posse! Agora é meu!

— Desgraçado! Eu o proíbo de aproximar-se dela!

— Ah! Ordena? Não sou seu súdito!

— Pois, de onde veio?

— Já disse, das dobras de um tempo bem distante...

— O que deseja para deixá-la em paz?

— Conhece Geakhan? Fantoche inútil! Instigamo-lo! Levamo-lo a perpetrar tudo o quanto o nosso ódio sugeria. Contudo, apaixonou-se pela sua serva! Um fraco! Incompetente! Agora, seremos nós a liquidá-la. Nada será capaz de aplacar nossa fúria! Todos os males do inferno recairão sobre ela!

— Mente infame! Ela não cairá em suas garras!

O desencarnado enlouquecido retirou-se irônico.

Foi neste dia que Sviatoslav entre o desalento em que vira Malusha e as ameaças do cruel adversário desencarnado, decidiu apelar para os poderes supremos, voltando-se para Deus. Era preciso evocar proteção para sua amada.

Reconhecia-se impotente, fatigado, confuso, excessivamente desanimado, carente de consolo e esperança. Precisava livrá-la do perigo fosse o que fosse! Lágrimas dolorosas lhe lavaram os olhos. O que estaria acontecendo? Confuso, entrou em um aposento conhecido. Precisava ficar só. Sentia-se perdido e desorientado. Recordou-se do ataque que sofrera e do ferimento que se abrira em seu peito. Os pensamentos fervilhavam em sua mente.

Apelou ainda mais intensamente para Deus. Ajoelhado, implorou que a misericórdia divina lhe trouxesse alguma claridade, uma esperança, livrando-o daquela angústia interminável. Que a sua amada fosse protegida.

Pouco a pouco, sentiu que vibrações ternas o envolviam em uma corrente poderosa. Olga Prekrasna estava presente mais uma vez.

Ao contrário de outras oportunidades, quando não a percebia por estar imerso em vibrações inferiores, agora podia vê-la.

Sem conter as lágrimas e assim, atirou-se aos pés maternos e cobriu de beijos as suas mãos suaves.

— Ah, mãe... Minha mãezinha. Que bom vê-la! Socorre-me. O palácio está infestado de invasores cruéis. Temos que abatê-los!

— Já se foram, querido, acalme-se.

— O que fizeram à minha Malusha? Por que ela chora com a minha aproximação? Não me ouve! Meu coração sofre por não a ter escutado, por eu ter desprezado as ideias de me converter à sua fé. Será isso, minha mãe?

Olga Prekrasna tomou o filho nos braços, aconchegando-o ao encontro do coração, sussurrando docemente:

— Ah, meu querido, não é nada disso, é a sua presença.

— Mas, como? Agora a minha presença causa-lhe algum mal? Desde quando?

— Um dia compreenderá o que se passa, porém no momento, deve confiar. Venha comigo. Venha...

Ela o conduziu a um lugar de refazimento e assistência para receber os cuidados necessários.

***

Aos poucos, ao longo do tempo, Sviatoslav já com o pensamento mais clarificado conseguiu absorver a informação de que havia deixado a dimensão terrena, entendendo finalmente o que acontecera.

Olga o assistia, esclarecendo-o sobre as realidades espirituais.

Ele pôs-se a indagar:

— Onde está meu pai?

— Em breve ele virá vê-lo.

— E quanto a Geakhan? Não há justiça? Tirou-me a vida!

— A vida não está no corpo que nos auxilia a evoluir nas experiências na Terra. Está no espírito imortal, querido. O ponto de partida é a compreensão de que Deus, Nosso Pai, estabeleceu leis universais sábias, justas, misericordiosas, norteadoras de nossos destinos; leis totalmente voltadas ao bem, permitindo-nos um contínuo progresso espiritual. Geakhan no futuro enfrentará expiações para aprender a respeitar o próximo.

— Ah, minha mãe... Isso não é tudo! E as saudades? Não conseguirei ficar longe de Malusha.

— É uma separação temporária. Dia virá em que o reencontro será possível.

— Só agora começo a perceber que falhei em meu principal encargo. É como se em meu tempo na Terra uma venda nos meus olhos me impedisse de enxergar. Tudo é tão claro ao entendimento agora!

— Filho, nossa vida de hoje é fruto de um passado em que há vitórias e derrotas na luta contra nossa inferioridade. O aprendizado acontece em lutas acirradas entre o espírito e a carne; a paixão e o dever. Colhemos hoje o que semeamos ontem, assim como a semeadura de hoje, definirá uma colheita no futuro. É a lei de causa e efeito regendo nossas vidas. O certo é que a Misericórdia Divina jamais nos faltará em tempo algum.

— A senhora sempre insistiu que eu trabalhasse pela conversão de nosso povo ao Evangelho. Falava de vozes que a orientavam. Havia algum plano estabelecido?

— Sim, meu querido. As diretrizes fundamentais da experiência humana ficam registradas em nosso íntimo e sempre repercutem em nossa mente, sob ação de nossos mentores.

— Creio que perdi um tempo precioso em busca de conquistas e poder...

— Não se preocupe. Deus conhece as nossas limitações e fraquezas. Novas oportunidades hão de vir.

— Como ficará a tarefa não concluída?

— Acalme-se. Malusha tem tentado semear os princípios cristãos no coração de Vladimir, a fim de que chegada a hora, ele espalhe a semente. Caso não consiga, outras pessoas se aproximarão. Nenhuma tarefa fica na dependência exclusiva de alguém. São vários os planos de ação para o cumprimento.

— Agora compreendo. Uma dúvida ainda me tortura: quando poderei ver o meu amor?

— Equilibre-se e confie.

***

Sviatoslav, agora mais lúcido, adaptava-se às novas condições de vida.

Abandonou a revolta e aceitou os fatos com resignação.

Com isso, um grande peso foi retirado de seus ombros.

Olga, Dobrynya e os demais componentes da equipe espiritual regozijavam-se.

Sviatoslav agradecia a todos pelos esforços em seu benefício, consciente de que a luta teria de prosseguir.

No caminho da evolução, não basta a tomada de consciência seguida de arrependimento por atos praticados, por palavras pronunciadas ou tarefas não realizadas. Imprescindível a reparação dos danos causados a si mesmo ou a terceiros.

No palácio, ao adormecer, Malusha deixava o corpo físico no leito e saía à procura de Sviatoslav.

Embora sem nítida recordação daquelas excursões espirituais, acordava feliz e bem-disposta, com a certeza de que estivera com seu amado.

Sviatoslav trabalhava unido aos benfeitores espirituais. Desperto agora para os valores perenes, auxiliava do além o núcleo familiar no propósito de implantar a fé cristã em toda a região de Kiev, cujas populações davam-se à adoração de deuses pagãos e, entre outras práticas deploráveis, cultivavam rituais de sacrifícios humanos.

Capítulo 27

Quase três décadas se passaram.

Nada impediria o avanço... Nenhuma força lograria êxito opondo-se ao divino programa de ascensão daquele principado sob a orientação de Jesus.

No entanto, fazia-se necessária muita cautela para neutralizar a ação de forças das trevas que tinham por propósito impedir a gloriosa realização.

Alguns desses infelizes irmãos desencarnados, que se compraziam em gerar problemas, aproveitando-se das fraquezas de suas vítimas, acabaram por converter-se. Outros persistiram em suas intenções, sob inspiração de gênios do mal.

Se muitas daquelas almas atormentadas que padeciam na ignorância despertaram, dando-se conta de que uma inteligência divina tudo prevê e provê em favor da harmonia universal, havia, também, os estagnados no mal.

No entanto, progredir, superando a rebeldia, era uma questão de tempo.

Cedo ou tarde experimentariam o anseio de renovação.

Caso sua obstinação ultrapassasse os limites impostos

pelas leis divinas ao livre-arbítrio, seriam compulsoriamente conduzidos à reencarnação, em duras experiências expiatórias e redentoras.

Vozes amigas e mãos intangíveis sustentaram os idealistas movidos pelos princípios cristãos nos momentos difíceis, ajudando-os a enfrentar as investidas das sombras, vigiando e orando, trabalhando e servindo.

***

O inverno se despedia.

O degelo anunciava um novo ciclo de cores e perfumes, enfeitando a vida. Os raios de sol, em nova coreografia no céu azul, irradiavam luminosidade e alegria.

Amigos e benfeitores espirituais ligados ao núcleo envolviam todos em emanações de paz e harmonia.

Adoecida, Malusha descansava no leito.

Experimentava gradativo esgotamento de suas forças, entendendo que suas saídas habituais do corpo físico logo se transformariam em estada permanente no mundo maior.

Sua vidência estava cada vez mais apurada e quando concentrada em orações, sentia-se entre seus queridos do além.

Viu naquele momento as três figuras amadas: Olga Prekrasna, Dobrynya e Sviatoslav.

Emocionada, percebendo a proximidade do momento em que retornaria ao plano espiritual junto a eles, sorriu debilmente.

Olga Prekrasna coroada de luz intensa aproximou-se, a dizer-lhe sorrindo:

— Malusha, em breve adormecerá. Terá um feliz despertar na dimensão espiritual. Confie. Você cumpriu o que se propôs fazer.

Malusha adormeceu serena. A palidez acentuou-se em seu semblante em paz.

Com a respiração quase imperceptível contemplava imagens de experiências vividas, apresentadas em retrospectiva, em sinal característico da proximidade do retorno à vida espiritual.

***

Surgiram as primeiras claridades da manhã.

Raios do sol matinal penetravam por pequena janela iluminando o recinto.

Malusha abriu os olhos e viu Sviatoslav.

— Sou eu, meu amor!

— Oh, meu amado soberano! Que saudades... Está tão belo!

Enxugando as lágrimas emocionadas que vertiam de seus olhos, ele falou carinhoso:

— Estamos juntos agora, sem prazo de vencimento para separação.

Ao lado, o irmão querido e Olga.

Acercaram-se dela e impuseram as mãos sobre sua cabeça.

Dobrynya amorosamente disse-lhe:

— Dorme, irmã querida. Dorme um pouco mais, como nos dias de infância.

***

Pouco tempo depois, em uma região da espiritualidade situada sobre o território de Rus, criada para atendimento e assistência aos que retornam à pátria espiritual, Sviatoslav permanecia ao lado de Malusha que se readaptava à vida espiritual.

Ao longe, descendo as montanhas, havia um riacho por entre as pedras, transformando-se em uma potente corrente de águas, precipitando-se do alto, onde os arcos-íris nasciam e se diluíam, em luzes e matizes.

Apreciando a natureza, ambos se abraçaram exprimindo o amor que os unia.

— Sviatoslav, nunca pude esquecê-lo. Esperava por este reencontro em tempo marcado pela vontade de Deus, nosso Pai de amor. Estou agora tranquila e com o coração em paz.

— Muito sofri nos primeiros tempos depois da morte do corpo, Malusha. Meus pensamentos se tornaram enfermiços, agravados ainda mais pela minha revolta. Não sei por quanto tempo permaneci nesse lamentável estado, com a mente presa aos acontecimentos passados e com a intensão de revidar o mal sofrido.

— Eu também fui fraca e muito errei, meu amado soberano.

— Eu não matei como um vil assassino. Entretanto, levei muitas famílias à ruína, à vergonha e ao desespero. Pouco a pouco, espiritualmente, tenho me despido das armaduras de guerra, do posto de soberano pretensamente imbatível, permitindo que a minha vida seja guiada pelas palavras do Cristo. Tomei consciência de que Deus, o soberano universal, nada tem a ver com minha ambição de conquistas, a verter o sangue de muitos! Quanto remorso! Quanta vergonha, Malusha!

— Não falemos mais nisso. Como ensinava Simão Pedro, o grande apóstolo de Jesus, o amor cobre uma multidão de pecados.

— Malusha, agradeço por seu amor e por suas preces que chegaram quando eu mais necessitava. Com o suceder dos dias, pude compreender o abismo que nos separava, a crescer sempre em face de minha intransigência.

— Fui parcialmente a responsável por você sentir-se assim, Sviatoslav. Fraquejei. Levada pelo egoísmo, preocupada com a minha própria dor, em vez de amor dei-lhe a minha aflição. Perdoe-me.

— Não há o que perdoar porque foram delicadas as situações que enfrentou. De minha parte, deixei-me dominar por minhas fraquezas. Espero que nossos mentores me concedam a oportunidade de consertar os estragos que provoquei. Meu desejo maior é ser um fiel servidor de Jesus, cujas lições, para minha infelicidade, não cheguei a assimilar!

— Somos filhos de um Pai amoroso que nos permite todo o tempo necessário para nos alinharmos ao bem, na velocidade escolhida por nós. Enquanto este sincronismo de nossa vontade com a vontade do Criador não chegar, por nossa própria escolha nos bateremos em dores nos desvios existenciais. Uma nova experiência terrena sempre será o ensejo de nossa renovação, adequando-nos aos propósitos divinos. Conte comigo, meu amado soberano!

— Malusha, suas palavras não são propriamente novas para mim, no entanto, só agora verdadeiramente as compreendo e dou a elas o devido valor. Eu agradeço a Deus pela compreensão atual e por ter você ao meu lado.

Ainda desinformada quanto ao futuro, Malusha perguntou com alguma ansiedade:

— Ficaremos juntos?

— A Deus pertence, minha querida. O que estou aprendendo é que, por vezes, a separação constitui áspera lição determinada por nós mesmos, no propósito de vencer as tendências egoístas e as paixões que nos desajustam. De qualquer forma, pelo que me é dado entender, quando isso ocorrer, em nosso benefício, voltaremos a nos reunir, em patamares cada vez mais altos de afinidade.

Bênçãos divinas fluíam sobre aquelas duas almas, a sentirem que a ligação entre ambos ia muito além dos efêmeros anos de uma existência na Terra.

Ainda mais felizes sentiam-se pela certeza de que juntos continuariam trabalhando em etapas sucessivas de evolução, buscando as divinas realizações do amor a Deus e ao próximo.

Unidos em novas experiências, ou momentaneamente separados, atendendo às experiências evolutivas, prosseguiriam em suas andanças cada vez mais ligados pela força do amor, aproximando-se sempre, no desdobrar dos milênios, de uma plenitude de perfeição e felicidade.

***

Costuma-se dizer que o homem propõe e Deus dispõe.

Acontece, também, o contrário, atendendo ao exercício do livre-arbítrio humano.

A limitada liberdade da ação humana sempre foi e será respeitada. O livre-arbítrio sofre, contudo, limitações por força de outra lei: a lei de causa e efeito, segundo a qual cada um é responsável pelos seus atos, recebendo em conformidade com as suas obras.

Observa-se, porém, que o comportamento do homem afeta de maneira rigorosa as programações traçadas, muitas vezes aparecendo nos registros da história deflexões na linha original dos objetivos visados.

Programas da espiritualidade, de inspiração divina, são comprometidos pela disposição do homem em fazer o que não deve, sob inspiração de suas mazelas. O livre-arbítrio consiste em resistir ou ceder ao arrastamento, às tentações e às influências a que somos voluntariamente submetidos.

Muitos cedem, poucos resistem.

Não obstante os cuidados de Malusha e Milly e o esforço da espiritualidade, Yaropolk, Oleg e Vladimir não mostraram por suas atitudes o comprometimento esperado com a missão que lhes cabia. Pesadas forças das trevas aliaram-se às suas mais fortes tendências. Desentenderam-se e travaram lamentáveis disputas, empolgados por suas ambições.

Inúmeras batalhas foram travadas a partir de seus desvios, resultando em muitas mortes, sob inspiração das trevas, a delongar a conversão do principado ao Evangelho.

Isso só ocorreu muito depois, quando Vladimir ascendeu ao trono de Kiev, vencendo as disputas com os irmãos.

Vladimir aderiu à fé cristã, a dinastia se firmou em um tronco que solidificou a Igreja Ortodoxa Grega, que estendeu-se além das fronteiras de Kiev, levando, como originariamente foi planejado pelo mundo espiritual superior, o Evangelho do Cristo a um território de dimensões continentais.

Uma onda de vibrações harmoniosas invadiu o cenário terrestre.

Os servidores do divino Mestre nas claridades do Infinito, embora lamentassem a inabilidade de alguns, os quais, partindo da erraticidade imbuídos dos mais edificantes propósitos haviam experimentado depois de reencarnados a traição das próprias forças, deslumbrados pelas riquezas efêmeras, pelo poder e pela vaidade, comemoraram efusivamente o cumprimento da tarefa designada pelo Alto.

Fez-se a vitória da luz sobre a penumbra densa.

Sob a égide das leis do amor que regem o Universo novos trabalhos seriam organizados em favor do aperfeiçoamento de todos e do progresso dos povos.

O preço foi alto, sob inspiração da espada, à distância da cruz.

Mas essa é outra história...

GRÉCIA

UM ROMANCE NO TEMPO DOS DEUSES

Mônica Dabus
pelo espírito LIZ

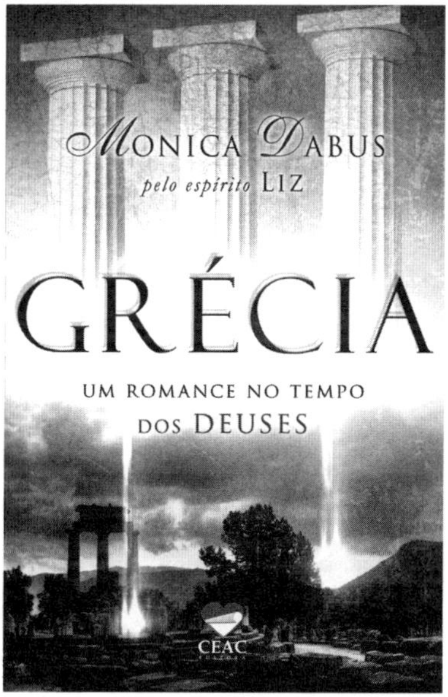

Na antiga Grécia dos deuses desdobra-se a ação deste livro instigante, que pode ser apreciado sob diferentes aspectos. É um romance marcado por intensa e conturbada história de amor e apresenta um relato biográfico sobre Periandro, tirano grego que se destacou por notáveis empreendimentos e grandes delírios.

FRANÇA

UM ROMANCE NO TEMPO DOS CÁTAROS

Mônica Dabus
pelo espírito LIZ

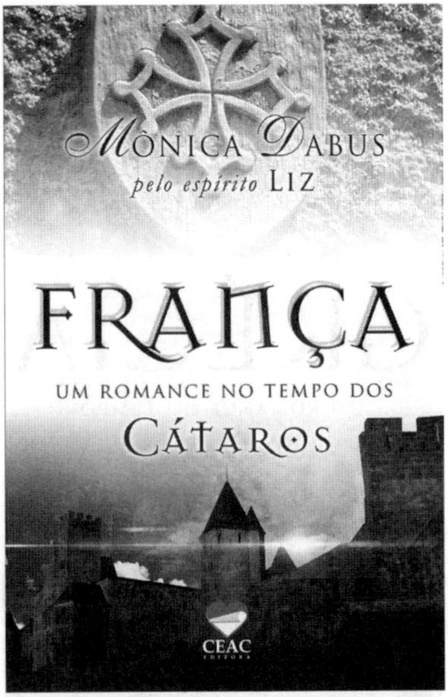

Este romance desdobra-se no Languedoc, região sul/ sudoeste da França, século XII, narra a empolgante história de uma das mais ricas civilizações que já surgiram na Europa.

Mesmo perseguidos e quase exterminados, os Cátaros seguiram resignados e confiantes em sua missão de cultivar a semente do Cristianismo, recurso indispensável para a recuperação moral da humanidade.

OS DRUIDAS

NO LIMIAR DA ERA CRISTÃ

Mônica Dabus
pelo espírito LIZ

O que há em comum entre o Druidismo e a Doutrina Espírita?

Mensagens emanadas do Mundo Espiritual revelam que Allan Kardec, o codificador do Espiritismo, foi druida, o que torna instigante essa relação.

Os personagens deste romance, no desdobramento de suas crenças e costumes, facultam-nos uma visão abrangente desse período em que o Espiritismo revestiu-se daquela roupagem precursora.

Rettec
artes
gráficas
e editora

Rua Xavier Curado, 388 • Ipiranga - SP • 04210 100
Tel.: (11) 2063 7000 • Fax: (11) 2061 8709
rettec@rettec.com.br • www.rettec.com.br